Verdure et Volupté

Un Voyage Inoubliable à Travers l'Art de la Cuisine Végétarienne

Élise Dubois

Contenu

Salade de câpres et coeurs d'artichauts 11
Salade de petits maïs verts et coeurs d'artichauts 12
Salade romaine avec vinaigrette à la tomate 13
Salade romaine grecque et salade de tomates 15
Salade de tomates prunes et concombres 17
Salade de champignons Enoki et concombre 19
Salade de tomates et courgettes 20
Salade de tomate et de cocombre 21
Salade de tomates prunes et d'oignons 22
Salade de courgettes et tomates 23
Salade de tomates anciennes 24
Salade de champignons Enoki 25
Salade de coeurs d'artichauts et tomates italiennes 26
Salade de mini-maïs et tomates italiennes 27
Salade verte et tomates mélangées 28
Salade de laitue romaine et tomates italiennes 29
Salade d'endives et champignons Enoki 31
Salade d'artichauts et tomates 32
Salade de chou frisé et tomates anciennes 33

Salade d'épinards et de tomates 34

Salade de champignons Mesclun et Enoki 35

Salade romaine et salade de concombre 36

Salade de kale épinards et courgettes 37

Salade de choux artichauts et champignons Enoki 38

Salade d'endives et d'artichauts 39

Salade d'endives et courgettes 41

Salade Mesclun et Laitue Romaine 42

Salade verte et tomates mélangées 43

Salade romaine et salade d'endives 44

Salade d'artichauts et de chou frisé 45

Salade de chou frisé et épinards 46

Salade de carottes et tomates italiennes 47

Salade de maïs et de tomates italiennes 48

Salade de mesclun et mini-carottes 49

Salade de laitue romaine et mini maïs 50

Salade de mini-maïs et d'endives 51

Salade de chou-fleur et tomates 53

Salade de brocolis et tomates 54

Salade d'épinards et de chou-fleur 55

Salade de chou frisé et de brocoli 56

Salade de chou frisé aux épinards et au brocoli 57

Salade d'artichauts au chou frisé et au brocoli 58

Salade de mini-maïs et d'endives 59

- Salade de mesclun et mini-carottes 60
- Salade de tomates et petits maïs 61
- Enoki et salade de maïs miniatures 63
- Salade d'endives aux tomates anciennes et d'artichauts 64
- Salade de tomates prunes et oignons Kale 65
- Salade d'épinards, tomates italiennes et oignons 66
- Salade de cresson et courgettes 67
- Salade de tomates mangue et concombre 68
- Salade de tomates pêches et oignons 69
- Tomates raisins noirs et oignons blancs 70
- Salade de tomates raisins rouges et courgettes 71
- Salade de tomates prunes et oignons au chou rouge 72
- Salade de tomates prunes et concombres au chou Napa 73
- Salade de chou rouge et nappa 74
- Salade de raisins noirs et rouges 75
- Salade mangue pêche et concombre 76
- Salade de champignons de cresson et de courgettes Enoki 77
- Kale avec salade d'épinards et de concombre 79
- Salade de tomates et courgettes Kale 80
- Salade de tomates italiennes et de concombres aux épinards 81
- Salade de tomates et concombres au cresson 82
- Salade de tomates anciennes et de concombres à la mangue 83
- Salade de pêches et tomates 84
- Salade de raisins noirs et tomates italiennes 85

Salade de raisins rouges et courgettes	86
Salade de chou rouge et tomates	87
Salade de champignons Enoki et concombre au chou nappa	88
Salade de tomates et concombres à l'ananas	89
Salade de tomates prunes et concombres	90
Salade de tomates cerises et oignons	91
Salade aigre et tomate	92
Salade de tomates et maïs	93
Salade de chou rouge aux artichauts et concombres	95
Salade de maïs, chou rouge et artichaut	96
Cornichons Salade de raisins et de maïs	97
Salade de pêches aux cerises et raisins noirs	98
Salade ananas mangue et pomme	99
Salade de kale épinards et cresson	100
Salade de cresson ananas et mangue	101
Salade de tomates, pommes et pêches	102
Salade de maïs aux champignons Enoki et chou rouge	103
Salade de tomates et pommes	104
Salade de pickles de tomates et de raisins	106
Salade de chou rouge aux artichauts et concombres	107
Salade ananas mangue pomme et concombre	108
Salade de chou nappa aux artichauts et concombre	109
Salade de chou tomate et carotte	110
Salade de chou nappa, carottes et concombres	111

Fettuccini et olives vertes ... 113
Spaghetti aux haricots beurre et haricots noirs ... 115
Spaghetti au chorizo et haricots rouges ... 117
Pâtes pappardelle aux tomates et fromage végétalien ... 119
Macaroni et pois chiches ... 121
Pâtes Farfalle sauce chimichurri épicée ... 123
Coude macaroni aux haricots du nord ... 125
Spaghetti aux olives vertes et poivrons ... 127
Macaroni de grains entiers au fromage à la crème végétalien ... 129
Penne au chorizo ... 131
Pâtes papardelles aux fèves ... 133
Fettuccini mijotés aux haricots blancs ... 135
Coquilles de pâtes mijotées à la sauce Chimichurri ... 138
Pâtes farfalle mijotées aux pois chiches ... 140
Spaghetti mijoté aux haricots et poivrons ... 142
Macaroni épicé cuit lentement et fromage végétalien ... 144
Penne au pesto ... 146
Pappardelle aux haricots noirs et haricots beurre ... 148
Macaronis et Chorizo Végétalien ... 150
Coquilles de pâtes à la sauce chimichurri épicée ... 152
Farfalle mijotée aux olives ... 154
Pâtes penne mijotées ... 156
Fettuccini mijotés aux haricots pinto ... 158
Spaghettis italiens mijotés aux haricots ... 160

Pappardelles mijotées 163

Macaroni au coude mijoté et poivrons verts avec chorizo végétalien et olives vertes.. 165

Coquille de pâtes mijotées aux câpres 167

Pâtes penne mijotées aux olives et aux câpres 169

Coude macaroni aux olives et câpres.. 171

Pâtes Farfalle mijotées aux câpres 173

Coude Macaroni Puttanesca 175

Spaghetti Puttanesca.. 177

Pappardelles Pâtes Puttanesca 179

Penne aux tomates vertes sauce Chimichurri............................. 181

Macaroni crémeux au coude et fromage végétalien 184

Pâtes farfalle à la sauce tomate végétalienne au fromage à la crème 186

Coquilles de pâtes à la sauce tomate.. 188

Coude macaroni au pesto rouge 190

Pappardelle aux 2 types de pesto 192

Penne aux câpres et chorizo végétalien....................................... 194

Pois chiches au quinoa 196

Bolognaise végétalienne... 198

Bol de burrito végétalien au riz brun 200

Bol de burrito aux haricots blancs avec sauce chimichurri 202

Bol de burrito aux haricots garbanzo avec pesto......................... 204

Bol de burrito au riz noir avec chorizos végétaliens 206

Bol burrito à la française 209

Bol burrito chipotle 211

Salade d'artichauts aux tomates prunes et chou nappa...................213

Cornichons, raisins et salade de maïs..214

Salade de tomates cerises et épinards 215

Salade de chou rouge aux pommes et cerises 216

Salade de pomme tomate prune et chou rouge................................217

Salade d'ananas et de chou frisé de tomate de prune et de mangue
....218

Salade de kale ananas mangue et concombre..................................219

Salade tomate mangue et pomme..220

Salade de câpres et coeurs d'artichauts

Ingrédients:

1 artichaut, rincé, épongé et haché

½ tasse de câpres

½ tasse de coeurs d'artichauts

Pansement

2 cuillères à soupe. vinaigre de vin blanc

4 cuillères à soupe d'huile d'olive extra vierge

Poivre noir fraîchement moulu

3/4 tasse d'amandes finement moulues

Sel de mer

Préparation

Mélanger tous les ingrédients de la vinaigrette dans un robot culinaire.

Mélanger avec les autres ingrédients et bien mélanger.

Salade de petits maïs verts et coeurs d'artichauts

Ingrédients:

1 botte de Mesclun rincé, épongé et haché

½ tasse de mini maïs en conserve

½ tasse de coeurs d'artichauts

Pansement

2 cuillères à soupe. vinaigre de vin blanc

4 cuillères à soupe d'huile d'olive extra vierge

Poivre noir fraichement moulu

3/4 tasse d'arachides finement moulues

Sel de mer

Préparation

Mélanger tous les ingrédients de la vinaigrette dans un robot culinaire.

Mélanger avec les autres ingrédients et bien mélanger.

Salade romaine avec vinaigrette à la tomate

Ingrédients:

1 tête de laitue romaine, hachée

4 grosses tomates, évidées et hachées

4 radis tranchés finement

Pansement

6 tomatilles, rincées et coupées en deux

1 jalapeno, coupé en deux

1 oignon blanc en quartiers

2 cuillères à soupe d'huile d'olive extra vierge

Sel casher et poivre noir fraîchement moulu

1/2 cuillère à café de cumin moulu

1 tasse de fromage à la crème sans produits laitiers

2 cuillères à soupe de jus de citron frais

Préparation/cuisson

Préchauffer le four à 400 degrés F.

Pour la vinaigrette, placez le tomatillo, le jalapeño et l'oignon sur une plaque à pâtisserie.

Arroser d'huile d'olive et saupoudrer de sel et de poivre.

Cuire au four pendant 25-30 minutes. jusqu'à ce que les légumes commencent à dorer et noircir légèrement.

Transférer dans un robot culinaire et laisser refroidir, puis mélanger.

Ajouter les autres ingrédients et réfrigérer une heure.

Mélanger avec les autres ingrédients et bien mélanger.

Salade romaine grecque et salade de tomates

Ingrédients:

1 tête de laitue romaine, hachée

4 tomates mûres entières, coupées en 6 tranches chacune, puis couper chaque tranche en deux

1 concombre moyen entier, pelé, coupé en quatre sur la longueur et coupé en gros cubes

1/2 oignon blanc entier, tranché très finement

30 olives vertes entières dénoyautées, coupées en deux dans le sens de la longueur, plus 6 olives hachées

6 oz de fromage végétalien émietté

Feuilles de persil frais, hachées grossièrement

Pansement

1/4 tasse d'huile d'olive extra vierge

2 cuillères à soupe de vinaigre de vin blanc

1 cuillère à café de sucre, ou plus au goût

1 gousse d'ail, hachée

Sel et poivre noir fraîchement moulu

Jus de ½ citron

Sel de mer

Préparation

Mélanger tous les ingrédients de la vinaigrette dans un robot culinaire et mélanger.

Assaisonner avec plus de sel si nécessaire.

mélangez tous les ingrédients ensemble.

Salade de tomates prunes et concombres

Ingrédients:

5 tomates italiennes moyennes, coupées en deux sur la longueur, épépinées et tranchées finement
1/4 oignon blanc, pelé, coupé en deux sur la longueur et tranché finement
1 gros concombre, coupé en deux sur la longueur et tranché finement

Pansement
¼ tasse d'huile d'olive extra vierge
2 gouttes de vinaigre de vin blanc
Gros sel et poivre noir

Préparation
Mélanger tous les ingrédients pour la vinaigrette.

Mélanger avec les autres ingrédients et bien mélanger.

Salade de champignons Enoki et concombre

Ingrédients:

15 champignons Enoki, tranchés finement

1/4 oignon blanc, pelé, coupé en deux sur la longueur et tranché finement

1 gros concombre, coupé en deux sur la longueur et tranché finement

Pansement

¼ tasse d'huile d'olive extra vierge

2 gouttes de vinaigre de vin blanc

Gros sel et poivre noir

Préparation

Mélanger tous les ingrédients pour la vinaigrette.

Mélanger avec les autres ingrédients et bien mélanger.

Salade de tomates et courgettes

Ingrédients:

5 tomates moyennes coupées en deux sur la longueur, évidées et tranchées finement

1/4 oignon blanc, pelé, coupé en deux sur la longueur et tranché finement

1 grosse courgette, coupée en deux dans le sens de la longueur, tranchée finement et blanchie

Pansement

¼ tasse d'huile d'olive extra vierge

2 cuillères à soupe. Vinaigre de pomme

Gros sel et poivre noir

Préparation

Mélanger tous les ingrédients pour la vinaigrette.

Mélanger avec les autres ingrédients et bien mélanger.

Salade de tomate et de cocombre

Ingrédients:

10 tomates coupées en deux dans le sens de la longueur, évidées et tranchées finement

1/4 oignon blanc, pelé, coupé en deux sur la longueur et tranché finement

1 gros concombre, coupé en deux sur la longueur et tranché finement

Pansement

¼ tasse d'huile d'olive extra vierge

2 gouttes de vinaigre de vin blanc

Gros sel et poivre noir

Préparation

Mélanger tous les ingrédients pour la vinaigrette.

Mélanger avec les autres ingrédients et bien mélanger.

Salade de tomates prunes et d'oignons

Ingrédients:

5 tomates italiennes moyennes, coupées en deux sur la longueur, épépinées et tranchées finement

1/4 oignon blanc, pelé, coupé en deux sur la longueur et tranché finement

1 gros concombre, coupé en deux sur la longueur et tranché finement

Pansement

¼ tasse d'huile d'olive extra vierge

2 cuillères à soupe. Vinaigre de pomme

Gros sel et poivre noir

Préparation

Mélanger tous les ingrédients pour la vinaigrette.

Mélanger avec les autres ingrédients et bien mélanger.

Salade de courgettes et tomates

Ingrédients:

5 tomates moyennes coupées en deux sur la longueur, évidées et tranchées finement

1/4 oignon blanc, pelé, coupé en deux sur la longueur et tranché finement

1 grosse courgette, coupée en deux dans le sens de la longueur, tranchée finement et blanchie

Pansement

¼ tasse d'huile d'olive extra vierge

2 gouttes de vinaigre de vin blanc

Gros sel et poivre noir

Préparation

Mélanger tous les ingrédients pour la vinaigrette.

Mélanger avec les autres ingrédients et bien mélanger.

Salade de tomates anciennes

Ingrédients:

3 tomates anciennes coupées en deux sur la longueur, épépinées et tranchées finement

1/4 oignon blanc, pelé, coupé en deux sur la longueur et tranché finement

1 gros concombre, coupé en deux sur la longueur et tranché finement

Pansement

¼ tasse d'huile d'olive extra vierge

2 gouttes de vinaigre de vin blanc

Gros sel et poivre noir

Préparation

Mélanger tous les ingrédients pour la vinaigrette.

Mélanger avec les autres ingrédients et bien mélanger.

Salade de champignons Enoki

Ingrédients:

15 champignons Enoki, tranchés finement

1/4 oignon blanc, pelé, coupé en deux sur la longueur et tranché finement

1 gros concombre, coupé en deux sur la longueur et tranché finement

Pansement

¼ tasse d'huile d'olive extra vierge

2 cuillères à soupe. Vinaigre de pomme

Gros sel et poivre noir

Préparation

Mélanger tous les ingrédients pour la vinaigrette.

Mélanger avec les autres ingrédients et bien mélanger.

Salade de coeurs d'artichauts et tomates italiennes

Ingrédients:

6 coeurs d'artichauts (en conserve)

5 tomates italiennes moyennes, coupées en deux sur la longueur, épépinées et tranchées finement

1/4 oignon blanc, pelé, coupé en deux sur la longueur et tranché finement

1 gros concombre, coupé en deux sur la longueur et tranché finement

Pansement

¼ tasse d'huile d'olive extra vierge

2 gouttes de vinaigre de vin blanc

Gros sel et poivre noir

Préparation

Mélanger tous les ingrédients pour la vinaigrette.

Mélanger avec les autres ingrédients et bien mélanger.

Salade de mini-maïs et tomates italiennes

Ingrédients:

½ tasse de mini maïs en conserve

5 tomates italiennes moyennes, coupées en deux sur la longueur, épépinées et tranchées finement

1/4 oignon blanc, pelé, coupé en deux sur la longueur et tranché finement

1 grosse courgette, coupée en deux dans le sens de la longueur, tranchée finement et blanchie

Pansement

¼ tasse d'huile d'olive extra vierge

2 gouttes de vinaigre de vin blanc

Gros sel et poivre noir

Préparation

Mélanger tous les ingrédients pour la vinaigrette.

Mélanger avec les autres ingrédients et bien mélanger.

Salade verte et tomates mélangées

Ingrédients:

1 bouquet Meslcun, rincé et égoutté

5 tomates moyennes coupées en deux sur la longueur, évidées et tranchées finement

1/4 oignon blanc, pelé, coupé en deux sur la longueur et tranché finement

1 gros concombre, coupé en deux sur la longueur et tranché finement

Pansement

¼ tasse d'huile d'olive extra vierge

2 cuillères à soupe. Vinaigre de pomme

Gros sel et poivre noir

Préparation

Mélanger tous les ingrédients pour la vinaigrette.

Mélanger avec les autres ingrédients et bien mélanger.

Salade de laitue romaine et tomates italiennes

Ingrédients:

1 botte de laitue romaine, rincée et égouttée

5 tomates italiennes moyennes, coupées en deux sur la longueur, épépinées et tranchées finement

1/4 oignon blanc, pelé, coupé en deux sur la longueur et tranché finement

1 gros concombre, coupé en deux sur la longueur et tranché finement

Pansement

¼ tasse d'huile d'olive extra vierge

2 gouttes de vinaigre de vin blanc

Gros sel et poivre noir

Préparation

Mélanger tous les ingrédients pour la vinaigrette.

Mélanger avec les autres ingrédients et bien mélanger.

Salade d'endives et champignons Enoki

Ingrédients:

1 botte d'endive, rincée et égouttée

15 champignons Enoki, tranchés finement

1/4 oignon blanc, pelé, coupé en deux sur la longueur et tranché finement

1 gros concombre, coupé en deux sur la longueur et tranché finement

Pansement

¼ tasse d'huile d'olive extra vierge

2 gouttes de vinaigre de vin blanc

Gros sel et poivre noir

Préparation

Mélanger tous les ingrédients pour la vinaigrette.

Mélanger avec les autres ingrédients et bien mélanger.

Salade d'artichauts et tomates

Ingrédients:

1 artichaut, rincé et égoutté

5 tomates moyennes coupées en deux sur la longueur, évidées et tranchées finement

1/4 oignon blanc, pelé, coupé en deux sur la longueur et tranché finement

1 grosse courgette, coupée en deux dans le sens de la longueur, tranchée finement et blanchie

Pansement

¼ tasse d'huile d'olive extra vierge

2 gouttes de vinaigre de vin blanc

Gros sel et poivre noir

Préparation

Mélanger tous les ingrédients pour la vinaigrette.

Mélanger avec les autres ingrédients et bien mélanger.

Salade de chou frisé et tomates anciennes

Ingrédients:

1 botte de chou frisé, rincé et égoutté

3 tomates anciennes coupées en deux sur la longueur, épépinées et tranchées finement

1/4 oignon blanc, pelé, coupé en deux sur la longueur et tranché finement

1 gros concombre, coupé en deux sur la longueur et tranché finement

Pansement

¼ tasse d'huile d'olive extra vierge

2 cuillères à soupe. Vinaigre de pomme

Gros sel et poivre noir

Préparation

Mélanger tous les ingrédients pour la vinaigrette.

Mélanger avec les autres ingrédients et bien mélanger.

Salade d'épinards et de tomates

Ingrédients:

1 botte d'épinards, rincer et égoutter

10 tomates coupées en deux dans le sens de la longueur, évidées et tranchées finement

1/4 oignon blanc, pelé, coupé en deux sur la longueur et tranché finement

1 gros concombre, coupé en deux sur la longueur et tranché finement

Pansement

¼ tasse d'huile d'olive extra vierge

2 gouttes de vinaigre de vin blanc

Gros sel et poivre noir

Préparation

Mélanger tous les ingrédients pour la vinaigrette.

Mélanger avec les autres ingrédients et bien mélanger.

Salade de champignons Mesclun et Enoki

Ingrédients:

1 bouquet Meslcun, rincé et égoutté

15 champignons Enoki, tranchés finement

1/4 oignon blanc, pelé, coupé en deux sur la longueur et tranché finement

1 gros concombre, coupé en deux sur la longueur et tranché finement

Pansement

¼ tasse d'huile d'olive extra vierge

2 gouttes de vinaigre de vin blanc

Gros sel et poivre noir

Préparation

Mélanger tous les ingrédients pour la vinaigrette.

Mélanger avec les autres ingrédients et bien mélanger.

Salade romaine et salade de concombre

Ingrédients:

1 botte de laitue romaine, rincée et égouttée

5 tomates italiennes moyennes, coupées en deux sur la longueur, épépinées et tranchées finement

1/4 oignon blanc, pelé, coupé en deux sur la longueur et tranché finement

1 gros concombre, coupé en deux sur la longueur et tranché finement

Pansement

¼ tasse d'huile d'olive extra vierge

2 cuillères à soupe. Vinaigre de pomme

Gros sel et poivre noir

Préparation

Mélanger tous les ingrédients pour la vinaigrette.

Mélanger avec les autres ingrédients et bien mélanger.

Salade de kale épinards et courgettes

Ingrédients:

1 botte de chou frisé, rincé et égoutté

1 botte d'épinards, rincer et égoutter

1/4 oignon blanc, pelé, coupé en deux sur la longueur et tranché finement

1 grosse courgette, coupée en deux dans le sens de la longueur, tranchée finement et blanchie

Pansement

¼ tasse d'huile d'olive extra vierge

2 gouttes de vinaigre de vin blanc

Gros sel et poivre noir

Préparation

Mélanger tous les ingrédients pour la vinaigrette.

Mélanger avec les autres ingrédients et bien mélanger.

Salade de choux artichauts et champignons Enoki

Ingrédients:

1 artichaut, rincé et égoutté

1 botte de chou frisé, rincé et égoutté

15 champignons Enoki, tranchés finement

1/4 oignon blanc, pelé, coupé en deux sur la longueur et tranché finement

1 gros concombre, coupé en deux sur la longueur et tranché finement

Pansement

¼ tasse d'huile d'olive extra vierge

2 gouttes de vinaigre de vin blanc

Gros sel et poivre noir

Préparation

Mélanger tous les ingrédients pour la vinaigrette.

Mélanger avec les autres ingrédients et bien mélanger.

Salade d'endives et d'artichauts

Ingrédients:

1 botte d'endive, rincée et égouttée

1 artichaut, rincé et égoutté

1 gros concombre, coupé en deux sur la longueur et tranché finement

Pansement

¼ tasse d'huile d'olive extra vierge

2 gouttes de vinaigre de vin blanc

Gros sel et poivre noir

Préparation

Mélanger tous les ingrédients pour la vinaigrette.

Mélanger avec les autres ingrédients et bien mélanger.

Salade d'endives et courgettes

Ingrédients:

1 botte de laitue romaine, rincée et égouttée

1 botte d'endive, rincée et égouttée

1 grosse courgette, coupée en deux dans le sens de la longueur, tranchée finement et blanchie

Pansement

¼ tasse d'huile d'olive extra vierge

2 gouttes de vinaigre de vin blanc

Gros sel et poivre noir

Préparation

Mélanger tous les ingrédients pour la vinaigrette.

Mélanger avec les autres ingrédients et bien mélanger.

Salade Mesclun et Laitue Romaine

Ingrédients:

1 bouquet Meslcun, rincé et égoutté

1 botte de laitue romaine, rincée et égouttée

1/4 oignon blanc, pelé, coupé en deux sur la longueur et tranché finement

1 gros concombre, coupé en deux sur la longueur et tranché finement

Pansement

¼ tasse d'huile d'olive extra vierge

2 cuillères à soupe. Vinaigre de pomme

Gros sel et poivre noir

Préparation

Mélanger tous les ingrédients pour la vinaigrette.

Mélanger avec les autres ingrédients et bien mélanger.

Salade verte et tomates mélangées

Ingrédients:

1 bouquet Meslcun, rincé et égoutté

1 botte de laitue romaine, rincée et égouttée

10 tomates coupées en deux dans le sens de la longueur, évidées et tranchées finement

1/4 oignon blanc, pelé, coupé en deux sur la longueur et tranché finement

1 grosse courgette, coupée en deux dans le sens de la longueur, tranchée finement et blanchie

Pansement

¼ tasse d'huile d'olive extra vierge

2 gouttes de vinaigre de vin blanc

Gros sel et poivre noir

Préparation

Mélanger tous les ingrédients pour la vinaigrette.

Mélanger avec les autres ingrédients et bien mélanger.

Salade romaine et salade d'endives

Ingrédients:

1 botte de laitue romaine, rincée et égouttée

1 botte d'endive, rincée et égouttée

5 tomates italiennes moyennes, coupées en deux sur la longueur, épépinées et tranchées finement

1/4 oignon blanc, pelé, coupé en deux sur la longueur et tranché finement

1 gros concombre, coupé en deux sur la longueur et tranché finement

Pansement

¼ tasse d'huile d'olive extra vierge

2 gouttes de vinaigre de vin blanc

Gros sel et poivre noir

Préparation

Mélanger tous les ingrédients pour la vinaigrette.

Mélanger avec les autres ingrédients et bien mélanger.

Salade d'artichauts et de chou frisé

Ingrédients:

1 artichaut, rincé et égoutté

1 botte de chou frisé, rincé et égoutté

3 tomates anciennes coupées en deux sur la longueur, épépinées et tranchées finement

1/4 oignon blanc, pelé, coupé en deux sur la longueur et tranché finement

1 gros concombre, coupé en deux sur la longueur et tranché finement

Pansement

¼ tasse d'huile d'olive extra vierge

2 gouttes de vinaigre de vin blanc

Gros sel et poivre noir

Préparation

Mélanger tous les ingrédients pour la vinaigrette.

Mélanger avec les autres ingrédients et bien mélanger.

Salade de chou frisé et épinards

Ingrédients:

1 botte de chou frisé, rincé et égoutté

1 botte d'épinards, rincer et égoutter

15 champignons Enoki, tranchés finement

1/4 oignon blanc, pelé, coupé en deux sur la longueur et tranché finement

1 gros concombre, coupé en deux sur la longueur et tranché finement

Pansement

¼ tasse d'huile d'olive extra vierge

2 gouttes de vinaigre de vin blanc

Gros sel et poivre noir

Préparation

Mélanger tous les ingrédients pour la vinaigrette.

Mélanger avec les autres ingrédients et bien mélanger.

Salade de carottes et tomates italiennes

Ingrédients:

1 tasse de mini-carottes, hachées

5 tomates italiennes moyennes, coupées en deux sur la longueur, épépinées et tranchées finement

1/4 oignon blanc, pelé, coupé en deux sur la longueur et tranché finement

1 gros concombre, coupé en deux sur la longueur et tranché finement

Pansement

¼ tasse d'huile d'olive extra vierge

2 cuillères à soupe. Vinaigre de pomme

Gros sel et poivre noir

Préparation

Mélanger tous les ingrédients pour la vinaigrette.

Mélanger avec les autres ingrédients et bien mélanger.

Salade de maïs et de tomates italiennes

Ingrédients:

1 tasse de maïs miniature (en conserve), égoutté

5 tomates italiennes moyennes, coupées en deux sur la longueur, épépinées et tranchées finement

1/4 oignon blanc, pelé, coupé en deux sur la longueur et tranché finement

1 grosse courgette, coupée en deux dans le sens de la longueur, tranchée finement et blanchie

Pansement

¼ tasse d'huile d'olive extra vierge

2 gouttes de vinaigre de vin blanc

Gros sel et poivre noir

Préparation

Mélanger tous les ingrédients pour la vinaigrette.

Mélanger avec les autres ingrédients et bien mélanger.

Salade de mesclun et mini-carottes

Ingrédients:

1 bouquet Meslcun, rincé et égoutté

1 tasse de mini-carottes, hachées

1 gros concombre, coupé en deux sur la longueur et tranché finement

Pansement

¼ tasse d'huile d'olive extra vierge

2 gouttes de vinaigre de vin blanc

Gros sel et poivre noir

Préparation

Mélanger tous les ingrédients pour la vinaigrette.

Mélanger avec les autres ingrédients et bien mélanger.

Salade de laitue romaine et mini maïs

Ingrédients:

1 botte de laitue romaine, rincée et égouttée

1 tasse de maïs miniature (en conserve), égoutté

1 gros concombre, coupé en deux sur la longueur et tranché finement

Pansement

¼ tasse d'huile d'olive extra vierge

2 gouttes de vinaigre de vin blanc

Gros sel et poivre noir

Préparation

Mélanger tous les ingrédients pour la vinaigrette.

Mélanger avec les autres ingrédients et bien mélanger.

Salade de mini-maïs et d'endives

Ingrédients:

1 tasse de maïs miniature (en conserve), égoutté

1 botte d'endive, rincée et égouttée

1/4 oignon blanc, pelé, coupé en deux sur la longueur et tranché finement

1 grosse courgette, coupée en deux dans le sens de la longueur, tranchée finement et blanchie

Pansement

¼ tasse d'huile d'olive extra vierge

2 cuillères à soupe. Vinaigre de pomme

Gros sel et poivre noir

Préparation

Mélanger tous les ingrédients pour la vinaigrette.

Mélanger avec les autres ingrédients et bien mélanger.

Salade de chou-fleur et tomates

Ingrédients:

9 bouquets de chou-fleur, blanchis et égouttés

10 tomates coupées en deux dans le sens de la longueur, évidées et tranchées finement

1/4 oignon blanc, pelé, coupé en deux sur la longueur et tranché finement

1 gros concombre, coupé en deux sur la longueur et tranché finement

Pansement

¼ tasse d'huile d'olive extra vierge

2 gouttes de vinaigre de vin blanc

Gros sel et poivre noir

Préparation

Mélanger tous les ingrédients pour la vinaigrette.

Mélanger avec les autres ingrédients et bien mélanger.

Salade de brocolis et tomates

Ingrédients:

8 bouquets de brocoli, blanchis et égouttés

10 tomates coupées en deux dans le sens de la longueur, évidées et tranchées finement

1/4 oignon blanc, pelé, coupé en deux sur la longueur et tranché finement

1 gros concombre, coupé en deux sur la longueur et tranché finement

Pansement

¼ tasse d'huile d'olive extra vierge

2 gouttes de vinaigre de vin blanc

Gros sel et poivre noir

Préparation

Mélanger tous les ingrédients pour la vinaigrette.

Mélanger avec les autres ingrédients et bien mélanger.

Salade d'épinards et de chou-fleur

Ingrédients:

1 botte d'épinards, rincer et égoutter

9 bouquets de chou-fleur, blanchis et égouttés

1 grosse courgette, coupée en deux dans le sens de la longueur, tranchée finement et blanchie

Pansement

¼ tasse d'huile d'olive extra vierge

2 gouttes de vinaigre de vin blanc

Gros sel et poivre noir

Préparation

Mélanger tous les ingrédients pour la vinaigrette.

Mélanger avec les autres ingrédients et bien mélanger.

Salade de chou frisé et de brocoli

Ingrédients:

1 botte de chou frisé, rincé et égoutté

8 bouquets de brocoli, blanchis et égouttés

1 gros concombre, coupé en deux sur la longueur et tranché finement

Pansement

¼ tasse d'huile d'olive extra vierge

2 gouttes de vinaigre de vin blanc

Gros sel et poivre noir

Préparation

Mélanger tous les ingrédients pour la vinaigrette.

Mélanger avec les autres ingrédients et bien mélanger.

Salade de chou frisé aux épinards et au brocoli

Ingrédients:

1 botte de chou frisé, rincé et égoutté

8 bouquets de brocoli, blanchis et égouttés

1 botte d'épinards, rincer et égoutter

Pansement

¼ tasse d'huile d'olive extra vierge

2 gouttes de vinaigre de vin blanc

Gros sel et poivre noir

Préparation

Mélanger tous les ingrédients pour la vinaigrette.

Mélanger avec les autres ingrédients et bien mélanger.

Salade d'artichauts au chou frisé et au brocoli

Ingrédients:

1 artichaut, rincé et égoutté

1 botte de chou frisé, rincé et égoutté

8 bouquets de brocoli, blanchis et égouttés

Pansement

¼ tasse d'huile d'olive extra vierge

2 gouttes de vinaigre de vin blanc

Gros sel et poivre noir

Préparation

Mélanger tous les ingrédients pour la vinaigrette.

Mélanger avec les autres ingrédients et bien mélanger.

Salade de mini-maïs et d'endives

Ingrédients:

1 tasse de maïs miniature (en conserve), égoutté

1 botte d'endive, rincée et égouttée

1 artichaut, rincé et égoutté

Pansement

¼ tasse d'huile d'olive extra vierge

2 cuillères à soupe. Vinaigre de pomme

Gros sel et poivre noir

Préparation

Mélanger tous les ingrédients pour la vinaigrette.

Mélanger avec les autres ingrédients et bien mélanger.

Salade de mesclun et mini-carottes

Ingrédients:

1 bouquet Meslcun, rincé et égoutté

1 tasse de mini-carottes, hachées

1 botte de laitue romaine, rincée et égouttée

Pansement

¼ tasse d'huile d'olive extra vierge

2 gouttes de vinaigre de vin blanc

Gros sel et poivre noir

Préparation

Mélanger tous les ingrédients pour la vinaigrette.

Mélanger avec les autres ingrédients et bien mélanger.

Salade de tomates et petits maïs

Ingrédients:

10 tomates coupées en deux dans le sens de la longueur, évidées et tranchées finement

1 tasse de maïs miniature (en conserve), égoutté

1 botte d'endive, rincée et égouttée

1 artichaut, rincé et égoutté

Pansement

¼ tasse d'huile d'olive extra vierge

2 gouttes de vinaigre de vin blanc

Gros sel et poivre noir

Préparation

Mélanger tous les ingrédients pour la vinaigrette.

Mélanger avec les autres ingrédients et bien mélanger.

Enoki et salade de maïs miniatures

Ingrédients:

15 champignons Enoki, tranchés finement

1 tasse de maïs miniature (en conserve), égoutté

1 botte d'endive, rincée et égouttée

1 artichaut, rincé et égoutté

Pansement

¼ tasse d'huile d'olive extra vierge

2 cuillères à soupe. Vinaigre de pomme

Gros sel et poivre noir

Préparation

Mélanger tous les ingrédients pour la vinaigrette.

Mélanger avec les autres ingrédients et bien mélanger.

Salade d'endives aux tomates anciennes et d'artichauts

Ingrédients:

3 tomates anciennes coupées en deux sur la longueur, épépinées et tranchées finement

1 botte d'endive, rincée et égouttée

1 artichaut, rincé et égoutté

1 botte de chou frisé, rincé et égoutté

Pansement

¼ tasse d'huile d'olive extra vierge

2 gouttes de vinaigre de vin blanc

Gros sel et poivre noir

Préparation

Mélanger tous les ingrédients pour la vinaigrette.

Mélanger avec les autres ingrédients et bien mélanger.

Salade de tomates prunes et oignons Kale

Ingrédients:

1 botte de kale, rincer et égoutter

5 tomates italiennes moyennes, coupées en deux sur la longueur, épépinées et tranchées finement

1/4 oignon blanc, pelé, coupé en deux sur la longueur et tranché finement

1 gros concombre, coupé en deux sur la longueur et tranché finement

Pansement

¼ tasse d'huile d'olive extra vierge

2 gouttes de vinaigre de vin blanc

Gros sel et poivre noir

Préparation

Mélanger tous les ingrédients pour la vinaigrette.

Mélanger avec les autres ingrédients et bien mélanger.

Salade d'épinards, tomates italiennes et oignons

Ingrédients:

1 botte d'épinards, rincer et égoutter

5 tomates italiennes moyennes, coupées en deux sur la longueur, épépinées et tranchées finement

1/4 oignon blanc, pelé, coupé en deux sur la longueur et tranché finement

1 gros concombre, coupé en deux sur la longueur et tranché finement

Pansement

¼ tasse d'huile d'olive extra vierge

2 gouttes de vinaigre de vin blanc

Gros sel et poivre noir

Préparation

Mélanger tous les ingrédients pour la vinaigrette.

Mélanger avec les autres ingrédients et bien mélanger.

Salade de cresson et courgettes

Ingrédients:

1 bouquet de cresson, rincé et égoutté

5 tomates italiennes moyennes, coupées en deux sur la longueur, épépinées et tranchées finement

1/4 oignon blanc, pelé, coupé en deux sur la longueur et tranché finement

1 grosse courgette, coupée en deux dans le sens de la longueur, tranchée finement et blanchie

Pansement

¼ tasse d'huile d'olive extra vierge

2 cuillères à soupe. Vinaigre de pomme

Gros sel et poivre noir

Préparation

Mélanger tous les ingrédients pour la vinaigrette.

Mélanger avec les autres ingrédients et bien mélanger.

Salade de tomates mangue et concombre

Ingrédients:

1 tasse de mangue en dés

5 tomates italiennes moyennes, coupées en deux sur la longueur, épépinées et tranchées finement

1/4 oignon blanc, pelé, coupé en deux sur la longueur et tranché finement

1 gros concombre, coupé en deux sur la longueur et tranché finement

Pansement

¼ tasse d'huile d'olive extra vierge

2 gouttes de vinaigre de vin blanc

Gros sel et poivre noir

Préparation

Mélanger tous les ingrédients pour la vinaigrette.

Mélanger avec les autres ingrédients et bien mélanger.

Salade de tomates pêches et oignons

Ingrédients:

1 tasse de pêches en dés

5 tomates moyennes coupées en deux sur la longueur, évidées et tranchées finement

1/4 oignon blanc, pelé, coupé en deux sur la longueur et tranché finement

1 gros concombre, coupé en deux sur la longueur et tranché finement

Pansement

¼ tasse d'huile d'olive extra vierge

2 gouttes de vinaigre de vin blanc

Gros sel et poivre noir

Préparation

Mélanger tous les ingrédients pour la vinaigrette.

Mélanger avec les autres ingrédients et bien mélanger.

Tomates raisins noirs et oignons blancs

Ingrédients:

12 pièces raisins noirs

10 tomates coupées en deux dans le sens de la longueur, évidées et tranchées finement

1/4 oignon blanc, pelé, coupé en deux sur la longueur et tranché finement

1 gros concombre, coupé en deux sur la longueur et tranché finement

Pansement

¼ tasse d'huile d'olive extra vierge

2 gouttes de vinaigre de vin blanc

Gros sel et poivre noir

Préparation

Mélanger tous les ingrédients pour la vinaigrette.

Mélanger avec les autres ingrédients et bien mélanger.

Salade de tomates raisins rouges et courgettes

Ingrédients:
10 pièces raisins rouges

3 tomates anciennes coupées en deux sur la longueur, épépinées et tranchées finement

1/4 oignon blanc, pelé, coupé en deux sur la longueur et tranché finement

1 grosse courgette, coupée en deux dans le sens de la longueur, tranchée finement et blanchie

Pansement
¼ tasse d'huile d'olive extra vierge

2 gouttes de vinaigre de vin blanc

Gros sel et poivre noir

Préparation
Mélanger tous les ingrédients pour la vinaigrette.

Mélanger avec les autres ingrédients et bien mélanger.

Salade de tomates prunes et oignons au chou rouge

Ingrédients:

1/2 chou rouge moyen, tranché finement

5 tomates italiennes moyennes, coupées en deux sur la longueur, épépinées et tranchées finement

1/4 oignon blanc, pelé, coupé en deux sur la longueur et tranché finement

1 gros concombre, coupé en deux sur la longueur et tranché finement

Pansement

¼ tasse d'huile d'olive extra vierge

2 cuillères à soupe. Vinaigre de pomme

Gros sel et poivre noir

Préparation

Mélanger tous les ingrédients pour la vinaigrette.

Mélanger avec les autres ingrédients et bien mélanger.

Salade de tomates prunes et concombres au chou Napa

Ingrédients:

1/2 chou Napa moyen, tranché finement

5 tomates italiennes moyennes, coupées en deux sur la longueur, épépinées et tranchées finement

1/4 oignon blanc, pelé, coupé en deux sur la longueur et tranché finement

1 gros concombre, coupé en deux sur la longueur et tranché finement

Pansement

¼ tasse d'huile d'olive extra vierge

2 cuillères à soupe. Vinaigre de pomme

Gros sel et poivre noir

Préparation

Mélanger tous les ingrédients pour la vinaigrette.

Mélanger avec les autres ingrédients et bien mélanger.

Salade de chou rouge et nappa

Ingrédients:

1/2 chou rouge moyen, tranché finement

1/2 chou Napa moyen, tranché finement

1/4 oignon blanc, pelé, coupé en deux sur la longueur et tranché finement

1 grosse courgette, coupée en deux dans le sens de la longueur, tranchée finement et blanchie

Pansement

¼ tasse d'huile d'olive extra vierge

2 gouttes de vinaigre de vin blanc

Gros sel et poivre noir

Préparation

Mélanger tous les ingrédients pour la vinaigrette.

Mélanger avec les autres ingrédients et bien mélanger.

Salade de raisins noirs et rouges

Ingrédients:

12 pièces raisins noirs

10 pièces raisins rouges

1/4 oignon blanc, pelé, coupé en deux sur la longueur et tranché finement

1 gros concombre, coupé en deux sur la longueur et tranché finement

Pansement

¼ tasse d'huile d'olive extra vierge

2 gouttes de vinaigre de vin blanc

Gros sel et poivre noir

Préparation

Mélanger tous les ingrédients pour la vinaigrette.

Mélanger avec les autres ingrédients et bien mélanger.

Salade mangue pêche et concombre

Ingrédients:

1 tasse de mangue en dés

1 tasse de pêches en dés

1/4 oignon blanc, pelé, coupé en deux sur la longueur et tranché finement

1 gros concombre, coupé en deux sur la longueur et tranché finement

Pansement

¼ tasse d'huile d'olive extra vierge

2 gouttes de vinaigre de vin blanc

Gros sel et poivre noir

Préparation

Mélanger tous les ingrédients pour la vinaigrette.

Mélanger avec les autres ingrédients et bien mélanger.

Salade de champignons de cresson et de courgettes Enoki

Ingrédients:

1 bouquet de cresson, rincé et égoutté

15 champignons Enoki, tranchés finement

1/4 oignon blanc, pelé, coupé en deux sur la longueur et tranché finement

1 grosse courgette, coupée en deux dans le sens de la longueur, tranchée finement et blanchie

Pansement

¼ tasse d'huile d'olive extra vierge

2 gouttes de vinaigre de vin blanc

Gros sel et poivre noir

Préparation

Mélanger tous les ingrédients pour la vinaigrette.

Mélanger avec les autres ingrédients et bien mélanger.

Kale avec salade d'épinards et de concombre

Ingrédients:

1 botte de kale, rincer et égoutter

1 botte d'épinards, rincer et égoutter

1/4 oignon blanc, pelé, coupé en deux sur la longueur et tranché finement

1 gros concombre, coupé en deux sur la longueur et tranché finement

Pansement

¼ tasse d'huile d'olive extra vierge

2 cuillères à soupe. Vinaigre de pomme

Gros sel et poivre noir

Préparation

Mélanger tous les ingrédients pour la vinaigrette.

Mélanger avec les autres ingrédients et bien mélanger.

Salade de tomates et courgettes Kale

Ingrédients:

1 botte de kale, rincer et égoutter

5 tomates italiennes moyennes, coupées en deux sur la longueur, épépinées et tranchées finement

1/4 oignon blanc, pelé, coupé en deux sur la longueur et tranché finement

1 grosse courgette, coupée en deux dans le sens de la longueur, tranchée finement et blanchie

Pansement

¼ tasse d'huile d'olive extra vierge

2 gouttes de vinaigre de vin blanc

Gros sel et poivre noir

Préparation

Mélanger tous les ingrédients pour la vinaigrette.

Mélanger avec les autres ingrédients et bien mélanger.

Salade de tomates italiennes et de concombres aux épinards

Ingrédients:

1 botte d'épinards, rincer et égoutter

5 tomates italiennes moyennes, coupées en deux sur la longueur, épépinées et tranchées finement

1/4 oignon blanc, pelé, coupé en deux sur la longueur et tranché finement

1 gros concombre, coupé en deux sur la longueur et tranché finement

Pansement

¼ tasse d'huile d'olive extra vierge

2 cuillères à soupe. Vinaigre de pomme

Gros sel et poivre noir

Préparation

Mélanger tous les ingrédients pour la vinaigrette.

Mélanger avec les autres ingrédients et bien mélanger.

Salade de tomates et concombres au cresson

Ingrédients:

1 bouquet de cresson, rincé et égoutté

10 tomates coupées en deux dans le sens de la longueur, évidées et tranchées finement

1/4 oignon blanc, pelé, coupé en deux sur la longueur et tranché finement

1 gros concombre, coupé en deux sur la longueur et tranché finement

Pansement

¼ tasse d'huile d'olive extra vierge

2 gouttes de vinaigre de vin blanc

Gros sel et poivre noir

Préparation

Mélanger tous les ingrédients pour la vinaigrette.

Mélanger avec les autres ingrédients et bien mélanger.

Salade de tomates anciennes et de concombres à la mangue

Ingrédients:

1 tasse de mangue en dés

3 tomates anciennes coupées en deux sur la longueur, épépinées et tranchées finement

1/4 oignon blanc, pelé, coupé en deux sur la longueur et tranché finement

1 gros concombre, coupé en deux sur la longueur et tranché finement

Pansement

¼ tasse d'huile d'olive extra vierge

2 gouttes de vinaigre de vin blanc

Gros sel et poivre noir

Préparation

Mélanger tous les ingrédients pour la vinaigrette.

Mélanger avec les autres ingrédients et bien mélanger.

Salade de pêches et tomates

Ingrédients:

1 tasse de pêches en dés

5 tomates moyennes coupées en deux sur la longueur, évidées et tranchées finement

1/4 oignon blanc, pelé, coupé en deux sur la longueur et tranché finement

1 gros concombre, coupé en deux sur la longueur et tranché finement

Pansement

¼ tasse d'huile d'olive extra vierge

2 cuillères à soupe. Vinaigre de pomme

Gros sel et poivre noir

Préparation

Mélanger tous les ingrédients pour la vinaigrette.

Mélanger avec les autres ingrédients et bien mélanger.

Salade de raisins noirs et tomates italiennes

Ingrédients:

12 pièces raisins noirs

5 tomates italiennes moyennes, coupées en deux sur la longueur, épépinées et tranchées finement

1/4 oignon blanc, pelé, coupé en deux sur la longueur et tranché finement

1 gros concombre, coupé en deux sur la longueur et tranché finement

Pansement

¼ tasse d'huile d'olive extra vierge

2 gouttes de vinaigre de vin blanc

Gros sel et poivre noir

Préparation

Mélanger tous les ingrédients pour la vinaigrette.

Mélanger avec les autres ingrédients et bien mélanger.

Salade de raisins rouges et courgettes

Ingrédients:

10 pièces raisins rouges

5 tomates italiennes moyennes, coupées en deux sur la longueur, épépinées et tranchées finement

1/4 oignon blanc, pelé, coupé en deux sur la longueur et tranché finement

1 grosse courgette, coupée en deux dans le sens de la longueur, tranchée finement et blanchie

Pansement

¼ tasse d'huile d'olive extra vierge

2 gouttes de vinaigre de vin blanc

Gros sel et poivre noir

Préparation

Mélanger tous les ingrédients pour la vinaigrette.

Mélanger avec les autres ingrédients et bien mélanger.

Salade de chou rouge et tomates

Ingrédients:

1/2 chou rouge moyen, tranché finement

10 tomates coupées en deux dans le sens de la longueur, évidées et tranchées finement

1/4 oignon blanc, pelé, coupé en deux sur la longueur et tranché finement

1 gros concombre, coupé en deux sur la longueur et tranché finement

Pansement

¼ tasse d'huile d'olive extra vierge

2 gouttes de vinaigre de vin blanc

Gros sel et poivre noir

Préparation

Mélanger tous les ingrédients pour la vinaigrette.

Mélanger avec les autres ingrédients et bien mélanger.

Salade de champignons Enoki et concombre au chou nappa

Ingrédients:

1/2 chou Napa moyen, tranché finement

15 champignons Enoki, tranchés finement

1/4 oignon blanc, pelé, coupé en deux sur la longueur et tranché finement

1 gros concombre, coupé en deux sur la longueur et tranché finement

Pansement

¼ tasse d'huile d'olive extra vierge

2 cuillères à soupe. Vinaigre de pomme

Gros sel et poivre noir

Préparation

Mélanger tous les ingrédients pour la vinaigrette.

Mélanger avec les autres ingrédients et bien mélanger.

Salade de tomates et concombres à l'ananas

Ingrédients:

1 tasse de morceaux d'ananas en conserve

5 tomates italiennes moyennes, coupées en deux sur la longueur, épépinées et tranchées finement

1/4 oignon blanc, pelé, coupé en deux sur la longueur et tranché finement

1 gros concombre, coupé en deux sur la longueur et tranché finement

Pansement

¼ tasse d'huile d'olive extra vierge

2 gouttes de vinaigre de vin blanc

Gros sel et poivre noir

Préparation

Mélanger tous les ingrédients pour la vinaigrette.

Mélanger avec les autres ingrédients et bien mélanger.

Salade de tomates prunes et concombres

Ingrédients:

1 tasse de pommes Fuji, coupées en dés

5 tomates italiennes moyennes, coupées en deux sur la longueur, épépinées et tranchées finement

1/4 oignon blanc, pelé, coupé en deux sur la longueur et tranché finement

1 gros concombre, coupé en deux sur la longueur et tranché finement

Pansement

¼ tasse d'huile d'olive extra vierge

2 gouttes de vinaigre de vin blanc

Gros sel et poivre noir

Préparation

Mélanger tous les ingrédients pour la vinaigrette.

Mélanger avec les autres ingrédients et bien mélanger.

Salade de tomates cerises et oignons

Ingrédients:

1/4 tasse de cerises

3 tomates anciennes coupées en deux sur la longueur, épépinées et tranchées finement

1/4 oignon blanc, pelé, coupé en deux sur la longueur et tranché finement

1 grosse courgette, coupée en deux dans le sens de la longueur, tranchée finement et blanchie

Pansement

¼ tasse d'huile d'olive extra vierge

2 gouttes de vinaigre de vin blanc

Gros sel et poivre noir

Préparation

Mélanger tous les ingrédients pour la vinaigrette.

Mélanger avec les autres ingrédients et bien mélanger.

Salade aigre et tomate

Ingrédients:

1/2 tasse de cornichons

5 tomates moyennes coupées en deux sur la longueur, évidées et tranchées finement

1/4 oignon blanc, pelé, coupé en deux sur la longueur et tranché finement

1 gros concombre, coupé en deux sur la longueur et tranché finement

Pansement

¼ tasse d'huile d'olive extra vierge

2 gouttes de vinaigre de vin blanc

Gros sel et poivre noir

Préparation

Mélanger tous les ingrédients pour la vinaigrette.

Mélanger avec les autres ingrédients et bien mélanger.

Salade de tomates et maïs

Ingrédients:

10 tomates coupées en deux dans le sens de la longueur, évidées et tranchées finement

1/2 tasse de maïs en conserve

1 gros concombre, coupé en deux sur la longueur et tranché finement

Pansement

¼ tasse d'huile d'olive extra vierge

2 cuillères à soupe. Vinaigre de pomme

Gros sel et poivre noir

Préparation

Mélanger tous les ingrédients pour la vinaigrette.

Mélanger avec les autres ingrédients et bien mélanger.

Salade de chou rouge aux artichauts et concombres

Ingrédients:

1/2 chou rouge moyen, tranché finement

1 tasse d'artichauts en conserve

1/2 chou Napa moyen, tranché finement

1 gros concombre, coupé en deux sur la longueur et tranché finement

Pansement

¼ tasse d'huile d'olive extra vierge

2 gouttes de vinaigre de vin blanc

Gros sel et poivre noir

Préparation

Mélanger tous les ingrédients pour la vinaigrette.

Mélanger avec les autres ingrédients et bien mélanger.

Salade de maïs, chou rouge et artichaut

Ingrédients:

1/2 tasse de maïs en conserve

1/2 chou rouge moyen, tranché finement

1 tasse d'artichauts en conserve

1 gros concombre, coupé en deux sur la longueur et tranché finement

Pansement

¼ tasse d'huile d'olive extra vierge

2 gouttes de vinaigre de vin blanc

Gros sel et poivre noir

Préparation

Mélanger tous les ingrédients pour la vinaigrette.

Mélanger avec les autres ingrédients et bien mélanger.

Cornichons Salade de raisins et de maïs

Ingrédients:

1/2 tasse de cornichons

10 pièces raisins rouges

1/2 tasse de maïs en conserve

Pansement

¼ tasse d'huile d'olive extra vierge

2 gouttes de vinaigre de vin blanc

Gros sel et poivre noir

Préparation

Mélanger tous les ingrédients pour la vinaigrette.

Mélanger avec les autres ingrédients et bien mélanger.

Salade de pêches aux cerises et raisins noirs

Ingrédients:

1 tasse de pêches en dés

1/4 tasse de cerises

12 pièces raisins noirs

1/4 oignon blanc, pelé, coupé en deux sur la longueur et tranché finement

1 gros concombre, coupé en deux sur la longueur et tranché finement

Pansement

¼ tasse d'huile d'olive extra vierge

2 cuillères à soupe. Vinaigre de pomme

Gros sel et poivre noir

Préparation

Mélanger tous les ingrédients pour la vinaigrette.

Mélanger avec les autres ingrédients et bien mélanger.

Salade ananas mangue et pomme

Ingrédients:

1 tasse de morceaux d'ananas en conserve

1 tasse de mangue en dés

1 tasse de pommes Fuji, coupées en dés

1 grosse courgette, coupée en deux dans le sens de la longueur, tranchée finement et blanchie

Pansement

¼ tasse d'huile d'olive extra vierge

2 gouttes de vinaigre de vin blanc

Gros sel et poivre noir

Préparation

Mélanger tous les ingrédients pour la vinaigrette.

Mélanger avec les autres ingrédients et bien mélanger.

Salade de kale épinards et cresson

Ingrédients:

1 botte de kale, rincer et égoutter

1 botte d'épinards, rincer et égoutter

1 bouquet de cresson, rincé et égoutté

Pansement

¼ tasse d'huile d'olive extra vierge

2 gouttes de vinaigre de vin blanc

Gros sel et poivre noir

Préparation

Mélanger tous les ingrédients pour la vinaigrette.

Mélanger avec les autres ingrédients et bien mélanger.

Salade de cresson ananas et mangue

Ingrédients:

1 bouquet de cresson, rincé et égoutté

1 tasse de morceaux d'ananas en conserve

1 tasse de mangue en dés

Pansement

¼ tasse d'huile d'olive extra vierge

2 cuillères à soupe. Vinaigre de pomme

Gros sel et poivre noir

Préparation

Mélanger tous les ingrédients pour la vinaigrette.

Mélanger avec les autres ingrédients et bien mélanger.

Salade de tomates, pommes et pêches

Ingrédients:

5 tomates moyennes coupées en deux sur la longueur, évidées et tranchées finement

1 tasse de pommes Fuji, coupées en dés

1 tasse de pêches en dés

1/4 tasse de cerises

Pansement

¼ tasse d'huile d'olive extra vierge

2 gouttes de vinaigre de vin blanc

Gros sel et poivre noir

Préparation

Mélanger tous les ingrédients pour la vinaigrette.

Mélanger avec les autres ingrédients et bien mélanger.

Salade de maïs aux champignons Enoki et chou rouge

Ingrédients:

15 champignons Enoki, tranchés finement

1/2 tasse de maïs en conserve

1/2 chou rouge moyen, tranché finement

1 tasse d'artichauts en conserve

Pansement

¼ tasse d'huile d'olive extra vierge

2 gouttes de vinaigre de vin blanc

Gros sel et poivre noir

Préparation

Mélanger tous les ingrédients pour la vinaigrette.

Mélanger avec les autres ingrédients et bien mélanger.

Salade de tomates et pommes

Ingrédients:

10 tomates coupées en deux dans le sens de la longueur, évidées et tranchées finement

1 tasse de pommes Fuji, coupées en dés

1 tasse de pêches en dés

Pansement

¼ tasse d'huile d'olive extra vierge

2 cuillères à soupe. Vinaigre de pomme

Gros sel et poivre noir

Préparation

Mélanger tous les ingrédients pour la vinaigrette.

Mélanger avec les autres ingrédients et bien mélanger.

Salade de pickles de tomates et de raisins

Ingrédients:

3 tomates anciennes coupées en deux sur la longueur, épépinées et tranchées finement

1/2 tasse de cornichons

10 pièces raisins rouges

1/2 tasse de maïs en conserve

Pansement

¼ tasse d'huile d'olive extra vierge

2 gouttes de vinaigre de vin blanc

Gros sel et poivre noir

Préparation

Mélanger tous les ingrédients pour la vinaigrette.

Mélanger avec les autres ingrédients et bien mélanger.

Salade de chou rouge aux artichauts et concombres

Ingrédients:

1/2 chou rouge moyen, tranché finement

1 tasse d'artichauts en conserve

1 gros concombre, coupé en deux sur la longueur et tranché finement

Pansement

¼ tasse d'huile d'olive extra vierge

2 gouttes de vinaigre de vin blanc

Gros sel et poivre noir

Préparation

Mélanger tous les ingrédients pour la vinaigrette.

Mélanger avec les autres ingrédients et bien mélanger.

Salade ananas mangue pomme et concombre

Ingrédients:

1 tasse de morceaux d'ananas en conserve

1 tasse de mangue en dés

1 tasse de pommes Fuji en cubes

1 gros concombre, coupé en deux sur la longueur et tranché finement

Pansement

¼ tasse d'huile d'olive extra vierge

2 gouttes de vinaigre de vin blanc

Gros sel et poivre noir

Préparation

Mélanger tous les ingrédients pour la vinaigrette.

Mélanger avec les autres ingrédients et bien mélanger.

Salade de chou nappa aux artichauts et concombre

Ingrédients:

1 tasse d'artichauts en conserve

1/2 chou Napa moyen, tranché finement

1 gros concombre, coupé en deux sur la longueur et tranché finement

Pansement

¼ tasse d'huile d'olive extra vierge

2 gouttes de vinaigre de vin blanc

Gros sel et poivre noir

Préparation

Mélanger tous les ingrédients pour la vinaigrette.

Mélanger avec les autres ingrédients et bien mélanger.

Salade de chou tomate et carotte

Ingrédients:

3 tomates anciennes coupées en deux sur la longueur, épépinées et tranchées finement

1/2 chou Napa moyen, tranché finement

5 petites carottes

Pansement

¼ tasse d'huile d'olive extra vierge

2 gouttes de vinaigre de vin blanc

Gros sel et poivre noir

Préparation

Mélanger tous les ingrédients pour la vinaigrette.

Mélanger avec les autres ingrédients et bien mélanger.

Salade de chou nappa, carottes et concombres

Ingrédients:

1/2 chou Napa moyen, tranché finement

5 petites carottes

1 gros concombre, coupé en deux sur la longueur et tranché finement

Pansement

¼ tasse d'huile d'olive extra vierge

2 cuillères à soupe. Vinaigre de pomme

Gros sel et poivre noir

Préparation

Mélanger tous les ingrédients pour la vinaigrette.

Mélanger avec les autres ingrédients et bien mélanger.

Fettuccini et olives vertes

INGRÉDIENTS

1 oignon rouge, haché moyen

1 poivron vert, haché

Boîte de 15 oz de fèves, rincées et égouttées

Boîte de 15 oz de haricots blancs, rincés et égouttés

28 onces de tomates concassées

1/4 tasse d'olives vertes

2 cuillères à soupe. câpres

½ cuillère à café de sel

1/8 cuillère à café de poivre noir

2 tasses de bouillon de légumes

8 onces de fettuccini crus

1 ½ tasse de fromage végétalien (à base de tofu)

Ingrédients de décoration :

oignons verts hachés pour servir

Placer tous les ingrédients sauf les pâtes, le fromage végétalien et les ingrédients de la garniture dans la mijoteuse.

Mélanger et couvrir.

Cuire à feu vif pendant 4 heures ou à feu doux pendant 7 heures.

Ajouter les pâtes et cuire à feu vif pendant 18 minutes ou jusqu'à ce que les pâtes soient al dente

Ajouter 1 tasse de fromage et mélanger.

Saupoudrer avec le fromage végétalien restant et les ingrédients décoratifs

Spaghetti aux haricots beurre et haricots noirs

INGRÉDIENTS

1 oignon jaune, haché moyen

1 poivron rouge, haché

15 oz de haricots beurre, rincés et égouttés

15 oz de haricots noirs, rincés et égouttés

28 onces de tomates concassées

4 c. fromage à la crème végétalien

1 c. Herbes de Provence

½ cuillère à café de sel

1/8 cuillère à café de poivre noir

2 tasses de bouillon de légumes

8 onces de spaghettis crus

1 ½ tasse de fromage végétalien (à base de tofu)

Ingrédients de décoration :

oignons verts hachés pour servir

Placer tous les ingrédients sauf les pâtes, le fromage végétalien et les ingrédients de la garniture dans la mijoteuse.

Mélanger et couvrir.

Cuire à feu vif pendant 4 heures ou à feu doux pendant 7 heures.

Ajouter les pâtes et cuire à feu vif pendant 18 minutes ou jusqu'à ce que les pâtes soient al dente

Ajouter 1 tasse de fromage et mélanger.

Saupoudrer avec le fromage végétalien restant et les ingrédients décoratifs

Spaghetti au chorizo et haricots rouges

INGRÉDIENTS

1 oignon rouge, haché moyen

1 poivron vert, haché

15 onces de haricots en conserve

Les haricots Great Northern peuvent peser 15 onces

28 onces de tomates concassées

1/4 tasse de chorizo végétalien, haché grossièrement

1 c. thym séché

½ cuillère à café de sel

1/8 cuillère à café de poivre noir

2 tasses de bouillon de légumes

8 oz de nouilles spaghetti crues

1 ½ tasse de fromage végétalien (à base de tofu)

Ingrédients de décoration :

oignons verts hachés pour servir

Placer tous les ingrédients sauf les pâtes, le fromage végétalien et les ingrédients de la garniture dans la mijoteuse.

Mélanger et couvrir.

Cuire à feu vif pendant 4 heures ou à feu doux pendant 7 heures.

Ajouter les pâtes et cuire à feu vif pendant 18 minutes ou jusqu'à ce que les pâtes soient al dente

Ajouter 1 tasse de fromage et mélanger.

Saupoudrer avec le fromage végétalien restant et les ingrédients décoratifs

Pâtes pappardelle aux tomates et fromage végétalien

INGRÉDIENTS

1 oignon rouge, haché moyen

1 poivron vert, haché

15 oz de haricots beurre, rincés et égouttés

15 oz de haricots noirs, rincés et égouttés

28 onces de tomates concassées

2 cuillères à soupe. sauce tomate

1 c. basilic

1 c. assaisonnement italien

½ cuillère à café de sel

1/8 cuillère à café de poivre noir

2 tasses de bouillon de légumes

8 onces de pâtes pappardelle crues

1 ½ tasse de fromage végétalien (à base de tofu)

Ingrédients de décoration :

oignons verts hachés pour servir

Placer tous les ingrédients sauf les pâtes, le fromage végétalien et les ingrédients de la garniture dans la mijoteuse.

Mélanger et couvrir.

Cuire à feu vif pendant 4 heures ou à feu doux pendant 7 heures.

Ajouter les pâtes et cuire à feu vif pendant 18 minutes ou jusqu'à ce que les pâtes soient al dente

Ajouter 1 tasse de fromage et mélanger.

Saupoudrer avec le fromage végétalien restant et les ingrédients décoratifs

Macaroni et pois chiches

INGRÉDIENTS

15 oz de haricots pinto, rincés et égouttés

15 oz de haricots garbanzo, rincés et égouttés

28 onces de tomates concassées

4 c. Pesto

1 c. assaisonnement italien

½ cuillère à café de sel

1/8 cuillère à café de poivre noir

2 tasses de bouillon de légumes

8 oz de macaronis au coude de blé entier non cuits

1 ½ tasse de fromage végétalien (à base de tofu)

Ingrédients de décoration :

oignons verts hachés pour servir

Placer tous les ingrédients sauf les pâtes, le fromage végétalien et les ingrédients de la garniture dans la mijoteuse.

Mélanger et couvrir.

Cuire à feu vif pendant 4 heures ou à feu doux pendant 7 heures.

Ajouter les pâtes et cuire à feu vif pendant 18 minutes ou jusqu'à ce que les pâtes soient al dente

Ajouter 1 tasse de fromage et mélanger.

Saupoudrer avec le fromage végétalien restant et les ingrédients décoratifs

Pâtes Farfalle sauce chimichurri épicée

INGRÉDIENTS

5 piments jalapenos

1 oignon jaune, haché finement

15 oz de haricots beurre, rincés et égouttés

15 oz de haricots noirs, rincés et égouttés

4 c. sauce Chimichurri

1/2 c. Cayenne

½ cuillère à café de sel

1/8 cuillère à café de poivre noir

2 tasses de bouillon de légumes

8 onces de pâtes farfalle non cuites

1 ½ tasse de fromage végétalien (à base de tofu)

Ingrédients de décoration :

oignons verts hachés pour servir

Placer tous les ingrédients sauf les pâtes, le fromage végétalien et les ingrédients de la garniture dans la mijoteuse.

Mélanger et couvrir.

Cuire à feu vif pendant 4 heures ou à feu doux pendant 7 heures.

Ajouter les pâtes et cuire à feu vif pendant 18 minutes ou jusqu'à ce que les pâtes soient al dente

Ajouter 1 tasse de fromage et mélanger.

Saupoudrer avec le fromage végétalien restant et les ingrédients décoratifs

Coude macaroni aux haricots du nord

INGRÉDIENTS

1 oignon rouge, haché moyen

1 poivron vert, haché

15 onces de haricots en conserve

Les haricots Great Northern peuvent peser 15 onces

28 onces de tomates concassées

3 onces de mozzarella végétalienne

1 c. assaisonnement italien

½ cuillère à café de sel

1/8 cuillère à café de poivre noir

2 tasses de bouillon de légumes

8 oz de macaronis au coude de blé entier non cuits

1 ½ tasse de fromage végétalien (à base de tofu)

Ingrédients de décoration :

oignons verts hachés pour servir

Placer tous les ingrédients sauf les pâtes, le fromage végétalien et les ingrédients de la garniture dans la mijoteuse.

Mélanger et couvrir.

Cuire à feu vif pendant 4 heures ou à feu doux pendant 7 heures.

Ajouter les pâtes et cuire à feu vif pendant 18 minutes ou jusqu'à ce que les pâtes soient al dente

Ajouter 1 tasse de fromage et mélanger.

Saupoudrer avec le fromage végétalien restant et les ingrédients décoratifs

Spaghetti aux olives vertes et poivrons

INGRÉDIENTS

1 oignon rouge, haché moyen

1 poivron vert, haché

Boîte de 15 oz de fèves, rincées et égouttées

Boîte de 15 oz de haricots blancs, rincés et égouttés

28 onces de tomates concassées

1/4 tasse d'olives vertes

2 cuillères à soupe. câpres

½ cuillère à café de sel

1/8 cuillère à café de poivre noir

2 tasses de bouillon de légumes

8 oz de nouilles spaghetti crues

1 ½ tasse de fromage végétalien (à base de tofu)

Ingrédients de décoration :

oignons verts hachés pour servir

Placer tous les ingrédients sauf les pâtes, le fromage végétalien et les ingrédients de la garniture dans la mijoteuse.

Mélanger et couvrir.

Cuire à feu vif pendant 4 heures ou à feu doux pendant 7 heures.

Ajouter les pâtes et cuire à feu vif pendant 18 minutes ou jusqu'à ce que les pâtes soient al dente

Ajouter 1 tasse de fromage et mélanger.

Saupoudrer avec le fromage végétalien restant et les ingrédients décoratifs

Macaroni de grains entiers au fromage à la crème végétalien

INGRÉDIENTS

1 oignon rouge, haché moyen

1 poivron vert, haché

15 oz de haricots beurre, rincés et égouttés

15 oz de haricots noirs, rincés et égouttés

28 onces de tomates concassées

4 c. fromage à la crème végétalien

1 c. Herbes de Provence

½ cuillère à café de sel

1/8 cuillère à café de poivre noir

2 tasses de bouillon de légumes

8 oz de macaronis au coude de blé entier non cuits

1 ½ tasse de fromage végétalien (à base de tofu)

Ingrédients de décoration :

oignons verts hachés pour servir

Placer tous les ingrédients sauf les pâtes, le fromage végétalien et les ingrédients de la garniture dans la mijoteuse.

Mélanger et couvrir.

Cuire à feu vif pendant 4 heures ou à feu doux pendant 7 heures.

Ajouter les pâtes et cuire à feu vif pendant 18 minutes ou jusqu'à ce que les pâtes soient al dente

Ajouter 1 tasse de fromage et mélanger.

Saupoudrer avec le fromage végétalien restant et les ingrédients décoratifs

Penne au chorizo

INGRÉDIENTS

1 oignon jaune, haché moyen

1 poivron rouge, haché

15 onces de haricots en conserve

Les haricots Great Northern peuvent peser 15 onces

28 onces de tomates concassées

1/4 tasse de chorizo végétalien, haché grossièrement

1 c. thym séché

½ cuillère à café de sel

1/8 cuillère à café de poivre noir

2 tasses de bouillon de légumes

8 onces de pâtes penne non cuites

1 ½ tasse de fromage végétalien (à base de tofu)

Ingrédients de décoration :

oignons verts hachés pour servir

Placer tous les ingrédients sauf les pâtes, le fromage végétalien et les ingrédients de la garniture dans la mijoteuse.

Mélanger et couvrir.

Cuire à feu vif pendant 4 heures ou à feu doux pendant 7 heures.

Ajouter les pâtes et cuire à feu vif pendant 18 minutes ou jusqu'à ce que les pâtes soient al dente

Ajouter 1 tasse de fromage et mélanger.

Saupoudrer avec le fromage végétalien restant et les ingrédients décoratifs

Pâtes papardelles aux fèves

INGRÉDIENTS

1 oignon rouge, haché moyen

1 poivron vert, haché

Boîte de 15 oz de fèves, rincées et égouttées

Boîte de 15 oz de haricots blancs, rincés et égouttés

28 onces de tomates concassées

4 c. Pesto

1 c. assaisonnement italien

½ cuillère à café de sel

1/8 cuillère à café de poivre noir

2 tasses de bouillon de légumes

8 onces de pâtes pappardelle crues

1 ½ tasse de fromage végétalien (à base de tofu)

Ingrédients de décoration :

oignons verts hachés pour servir

Placer tous les ingrédients sauf les pâtes, le fromage végétalien et les ingrédients de la garniture dans la mijoteuse.

Mélanger et couvrir.

Cuire à feu vif pendant 4 heures ou à feu doux pendant 7 heures.

Ajouter les pâtes et cuire à feu vif pendant 18 minutes ou jusqu'à ce que les pâtes soient al dente

Ajouter 1 tasse de fromage et mélanger.

Saupoudrer avec le fromage végétalien restant et les ingrédients décoratifs

Fettuccini mijotés aux haricots blancs

INGRÉDIENTS

1 oignon rouge, haché moyen

1 poivron vert, haché

15 oz de haricots beurre, rincés et égouttés

15 oz de haricots noirs, rincés et égouttés

28 onces de tomates concassées

2 cuillères à soupe. sauce tomate

1 c. basilic

1 c. assaisonnement italien

½ cuillère à café de sel

1/8 cuillère à café de poivre noir

2 tasses de bouillon de légumes

8 onces de fettuccini crus

1 ½ tasse de fromage végétalien (à base de tofu)

Ingrédients de décoration :

oignons verts hachés pour servir

Placer tous les ingrédients sauf les pâtes, le fromage végétalien et les ingrédients de la garniture dans la mijoteuse.

Mélanger et couvrir.

Cuire à feu vif pendant 4 heures ou à feu doux pendant 7 heures.

Ajouter les pâtes et cuire à feu vif pendant 18 minutes ou jusqu'à ce que les pâtes soient al dente

Ajouter 1 tasse de fromage et mélanger.

Saupoudrer avec le fromage végétalien restant et les ingrédients décoratifs

Coquilles de pâtes mijotées à la sauce Chimichurri

INGRÉDIENTS

5 piments jalapenos

15 oz de haricots rouges, rincés et égouttés

15 onces de fèves, rincées et égouttées

4 c. sauce Chimichurri

1/2 c. Cayenne

½ cuillère à café de sel

1/8 cuillère à café de poivre noir

2 tasses de bouillon de légumes

8 onces de coquilles de pâtes crues

1 ½ tasse de fromage végétalien (à base de tofu)

Ingrédients de décoration :

oignons verts hachés pour servir

Placer tous les ingrédients sauf les pâtes, le fromage végétalien et les ingrédients de la garniture dans la mijoteuse.

Mélanger et couvrir.

Cuire à feu vif pendant 4 heures ou à feu doux pendant 7 heures.

Ajouter les pâtes et cuire à feu vif pendant 18 minutes ou jusqu'à ce que les pâtes soient al dente

Ajouter 1 tasse de fromage et mélanger.

Saupoudrer avec le fromage végétalien restant et les ingrédients décoratifs

Pâtes farfalle mijotées aux pois chiches

INGRÉDIENTS

1 oignon jaune, haché moyen

1 poivron rouge, haché

15 oz de haricots pinto, rincés et égouttés

15 oz de haricots garbanzo, rincés et égouttés

28 onces de tomates concassées

1/4 tasse d'olives vertes

2 cuillères à soupe. câpres

½ cuillère à café de sel

1/8 cuillère à café de poivre noir

2 tasses de bouillon de légumes

8 onces de pâtes farfalle non cuites

1 ½ tasse de fromage végétalien (à base de tofu)

Ingrédients de décoration :

oignons verts hachés pour servir

Placer tous les ingrédients sauf les pâtes, le fromage végétalien et les ingrédients de la garniture dans la mijoteuse.

Mélanger et couvrir.

Cuire à feu vif pendant 4 heures ou à feu doux pendant 7 heures.

Ajouter les pâtes et cuire à feu vif pendant 18 minutes ou jusqu'à ce que les pâtes soient al dente

Ajouter 1 tasse de fromage et mélanger.

Saupoudrer avec le fromage végétalien restant et les ingrédients décoratifs

Spaghetti mijoté aux haricots et poivrons

INGRÉDIENTS

1 oignon rouge, haché moyen

1 poivron vert, haché

15 oz de haricots beurre, rincés et égouttés

15 oz de haricots noirs, rincés et égouttés

28 onces de tomates concassées

3 onces de mozzarella végétalienne

1 c. assaisonnement italien

½ cuillère à café de sel

1/8 cuillère à café de poivre noir

2 tasses de bouillon de légumes

8 oz de nouilles spaghetti crues

1 ½ tasse de fromage végétalien (à base de tofu)

Ingrédients de décoration :

oignons verts hachés pour servir

Placer tous les ingrédients sauf les pâtes, le fromage végétalien et les ingrédients de la garniture dans la mijoteuse.

Mélanger et couvrir.

Cuire à feu vif pendant 4 heures ou à feu doux pendant 7 heures.

Ajouter les pâtes et cuire à feu vif pendant 18 minutes ou jusqu'à ce que les pâtes soient al dente

Ajouter 1 tasse de fromage et mélanger.

Saupoudrer avec le fromage végétalien restant et les ingrédients décoratifs

Macaroni épicé cuit lentement et fromage végétalien

INGRÉDIENTS

1 piment ancho

1 oignon rouge

15 oz de haricots rouges, rincés et égouttés

15 onces de fèves, rincées et égouttées

28 onces de tomates concassées

1 ½ cuillères à soupe de piment en poudre

2 cuillères à café de cumin

½ cuillère à café de sel

1/8 cuillère à café de poivre noir

2 tasses de bouillon de légumes

8 oz de macaronis au coude de blé entier non cuits

1 ½ tasse de fromage végétalien (à base de tofu)

Ingrédients de décoration :

oignons verts hachés pour servir

Placer tous les ingrédients sauf les pâtes, le fromage végétalien et les ingrédients de la garniture dans la mijoteuse.

Mélanger et couvrir.

Cuire à feu vif pendant 4 heures ou à feu doux pendant 7 heures.

Ajouter les pâtes et cuire à feu vif pendant 18 minutes ou jusqu'à ce que les pâtes soient al dente

Ajouter 1 tasse de fromage et mélanger.

Saupoudrer avec le fromage végétalien restant et les ingrédients décoratifs

Penne au pesto

INGRÉDIENTS

1 oignon rouge, haché moyen

1 poivron vert, haché

Boîte de 15 oz de fèves, rincées et égouttées

Boîte de 15 oz de haricots blancs, rincés et égouttés

28 onces de tomates concassées

4 c. Pesto

1 c. assaisonnement italien

½ cuillère à café de sel

1/8 cuillère à café de poivre noir

2 tasses de bouillon de légumes

8 onces de pâtes penne non cuites

1 ½ tasse de fromage végétalien (à base de tofu)

Ingrédients de décoration :

oignons verts hachés pour servir

Placer tous les ingrédients sauf les pâtes, le fromage végétalien et les ingrédients de la garniture dans la mijoteuse.

Mélanger et couvrir.

Cuire à feu vif pendant 4 heures ou à feu doux pendant 7 heures.

Ajouter les pâtes et cuire à feu vif pendant 18 minutes ou jusqu'à ce que les pâtes soient al dente

Ajouter 1 tasse de fromage et mélanger.

Saupoudrer avec le fromage végétalien restant et les ingrédients décoratifs

Pappardelle aux haricots noirs et haricots beurre

INGRÉDIENTS

1 oignon rouge, haché moyen

1 poivron vert, haché

15 oz de haricots beurre, rincés et égouttés

15 oz de haricots noirs, rincés et égouttés

28 onces de tomates concassées

4 c. fromage à la crème végétalien

1 c. Herbes de Provence

½ cuillère à café de sel

1/8 cuillère à café de poivre noir

2 tasses de bouillon de légumes

8 onces de pâtes pappardelle crues

1 ½ tasse de fromage végétalien (à base de tofu)

Ingrédients de décoration :

oignons verts hachés pour servir

Placer tous les ingrédients sauf les pâtes, le fromage végétalien et les ingrédients de la garniture dans la mijoteuse.

Mélanger et couvrir.

Cuire à feu vif pendant 4 heures ou à feu doux pendant 7 heures.

Ajouter les pâtes et cuire à feu vif pendant 18 minutes ou jusqu'à ce que les pâtes soient al dente

Ajouter 1 tasse de fromage et mélanger.

Saupoudrer avec le fromage végétalien restant et les ingrédients décoratifs

Macaronis et Chorizo Végétalien

INGRÉDIENTS

1 oignon jaune, haché moyen

1 poivron rouge, haché

15 oz de haricots pinto, rincés et égouttés

15 oz de haricots garbanzo, rincés et égouttés

28 onces de tomates concassées

1/4 tasse de chorizo végétalien, haché grossièrement

1 c. thym séché

½ cuillère à café de sel

1/8 cuillère à café de poivre noir

2 tasses de bouillon de légumes

8 oz de macaronis au coude de blé entier non cuits

1 ½ tasse de fromage végétalien (à base de tofu)

Ingrédients de décoration :

oignons verts hachés pour servir

Placer tous les ingrédients sauf les pâtes, le fromage végétalien et les ingrédients de la garniture dans la mijoteuse.

Mélanger et couvrir.

Cuire à feu vif pendant 4 heures ou à feu doux pendant 7 heures.

Ajouter les pâtes et cuire à feu vif pendant 18 minutes ou jusqu'à ce que les pâtes soient al dente

Ajouter 1 tasse de fromage et mélanger.

Saupoudrer avec le fromage végétalien restant et les ingrédients décoratifs

Coquilles de pâtes à la sauce chimichurri épicée

INGRÉDIENTS

1 oignon rouge, haché moyen

5 piments jalapenos

1 oignon rouge

15 oz de haricots rouges, rincés et égouttés

15 onces de fèves, rincées et égouttées

4 c. sauce Chimichurri

1/2 c. Cayenne

½ cuillère à café de sel

1/8 cuillère à café de poivre noir

2 tasses de bouillon de légumes

8 onces de coquilles de pâtes crues

1 ½ tasse de fromage végétalien (à base de tofu)

Ingrédients de décoration :

oignons verts hachés pour servir

Placer tous les ingrédients sauf les pâtes, le fromage végétalien et les ingrédients de la garniture dans la mijoteuse.

Mélanger et couvrir.

Cuire à feu vif pendant 4 heures ou à feu doux pendant 7 heures.

Ajouter les pâtes et cuire à feu vif pendant 18 minutes ou jusqu'à ce que les pâtes soient al dente

Ajouter 1 tasse de fromage et mélanger.

Saupoudrer avec le fromage végétalien restant et les ingrédients décoratifs

Farfalle mijotée aux olives

INGRÉDIENTS

1 oignon rouge, haché moyen

1 poivron vert, haché

Boîte de 15 oz de fèves, rincées et égouttées

Boîte de 15 oz de haricots blancs, rincés et égouttés

28 onces de tomates concassées

1/4 tasse d'olives vertes

2 cuillères à soupe. câpres

½ cuillère à café de sel

1/8 cuillère à café de poivre noir

2 tasses de bouillon de légumes

8 onces de pâtes farfalle non cuites

1 ½ tasse de fromage végétalien (à base de tofu)

Ingrédients de décoration :

oignons verts hachés pour servir

Placer tous les ingrédients sauf les pâtes, le fromage végétalien et les ingrédients de la garniture dans la mijoteuse.

Mélanger et couvrir.

Cuire à feu vif pendant 4 heures ou à feu doux pendant 7 heures.

Ajouter les pâtes et cuire à feu vif pendant 18 minutes ou jusqu'à ce que les pâtes soient al dente

Ajouter 1 tasse de fromage et mélanger.

Saupoudrer avec le fromage végétalien restant et les ingrédients décoratifs

Pâtes penne mijotées

INGRÉDIENTS

1 oignon rouge, haché moyen

1 poivron vert, haché

15 oz de haricots beurre, rincés et égouttés

15 oz de haricots noirs, rincés et égouttés

28 onces de tomates concassées

3 onces de mozzarella végétalienne

1 c. assaisonnement italien

½ cuillère à café de sel

1/8 cuillère à café de poivre noir

2 tasses de bouillon de légumes

8 onces de pâtes penne non cuites

1 ½ tasse de fromage végétalien (à base de tofu)

Ingrédients de décoration :

oignons verts hachés pour servir

Placer tous les ingrédients sauf les pâtes, le fromage végétalien et les ingrédients de la garniture dans la mijoteuse.

Mélanger et couvrir.

Cuire à feu vif pendant 4 heures ou à feu doux pendant 7 heures.

Ajouter les pâtes et cuire à feu vif pendant 18 minutes ou jusqu'à ce que les pâtes soient al dente

Ajouter 1 tasse de fromage et mélanger.

Saupoudrer avec le fromage végétalien restant et les ingrédients décoratifs

Fettuccini mijotés aux haricots pinto

INGRÉDIENTS

1 oignon rouge, haché moyen

1 poivron vert, haché

15 oz de haricots pinto, rincés et égouttés

15 oz de haricots garbanzo, rincés et égouttés

28 onces de tomates concassées

4 c. fromage à la crème végétalien

1 c. Herbes de Provence

½ cuillère à café de sel

1/8 cuillère à café de poivre noir

2 tasses de bouillon de légumes

8 onces de fettuccini crus

1 ½ tasse de fromage végétalien (à base de tofu)

Ingrédients de décoration :

oignons verts hachés pour servir

Placer tous les ingrédients sauf les pâtes, le fromage végétalien et les ingrédients de la garniture dans la mijoteuse.

Mélanger et couvrir.

Cuire à feu vif pendant 4 heures ou à feu doux pendant 7 heures.

Ajouter les pâtes et cuire à feu vif pendant 18 minutes ou jusqu'à ce que les pâtes soient al dente

Ajouter 1 tasse de fromage et mélanger.

Saupoudrer avec le fromage végétalien restant et les ingrédients décoratifs

Spaghettis italiens mijotés aux haricots

INGRÉDIENTS

1 oignon rouge, haché moyen

1 poivron vert, haché

15 oz de haricots rouges, rincés et égouttés

15 onces de fèves, rincées et égouttées

28 onces de tomates concassées

4 c. Pesto

1 c. assaisonnement italien

½ cuillère à café de sel

1/8 cuillère à café de poivre noir

2 tasses de bouillon de légumes

8 oz de nouilles spaghetti crues

1 ½ tasse de fromage végétalien (à base de tofu)

Ingrédients de décoration :

oignons verts hachés pour servir

Placer tous les ingrédients sauf les pâtes, le fromage végétalien et les ingrédients de la garniture dans la mijoteuse.

Mélanger et couvrir.

Cuire à feu vif pendant 4 heures ou à feu doux pendant 7 heures.

Ajouter les pâtes et cuire à feu vif pendant 18 minutes ou jusqu'à ce que les pâtes soient al dente

Ajouter 1 tasse de fromage et mélanger.

Saupoudrer avec le fromage végétalien restant et les ingrédients décoratifs

Pappardelles mijotées

INGRÉDIENTS

1 oignon jaune, haché moyen

1 poivron rouge, haché

Boîte de 15 oz de fèves, rincées et égouttées

Boîte de 15 oz de haricots blancs, rincés et égouttés

28 onces de tomates concassées

2 cuillères à soupe. sauce tomate

1 c. basilic

1 c. assaisonnement italien

½ cuillère à café de sel

1/8 cuillère à café de poivre noir

2 tasses de bouillon de légumes

8 onces de pâtes pappardelle crues

1 ½ tasse de fromage végétalien (à base de tofu)

Ingrédients de décoration :

oignons verts hachés pour servir

Placer tous les ingrédients sauf les pâtes, le fromage végétalien et les ingrédients de la garniture dans la mijoteuse.

Mélanger et couvrir.

Cuire à feu vif pendant 4 heures ou à feu doux pendant 7 heures.

Ajouter les pâtes et cuire à feu vif pendant 18 minutes ou jusqu'à ce que les pâtes soient al dente

Ajouter 1 tasse de fromage et mélanger.

Saupoudrer avec le fromage végétalien restant et les ingrédients décoratifs

Macaroni au coude mijoté et poivrons verts avec chorizo végétalien et olives vertes

INGRÉDIENTS

1 oignon rouge, haché moyen

1 poivron vert, haché

½ tasse d'olives vertes, égouttées

15 oz de haricots noirs, rincés et égouttés

28 onces de tomates concassées

1/4 tasse de chorizo végétalien, haché grossièrement

1 c. thym séché

½ cuillère à café de sel

1/8 cuillère à café de poivre noir

2 tasses de bouillon de légumes

8 oz de macaronis au coude de blé entier non cuits

1 ½ tasse de fromage végétalien (à base de tofu)

Ingrédients de décoration :

oignons verts hachés pour servir

Placer tous les ingrédients sauf les pâtes, le fromage végétalien et les ingrédients de la garniture dans la mijoteuse.

Mélanger et couvrir.

Cuire à feu vif pendant 4 heures ou à feu doux pendant 7 heures.

Ajouter les pâtes et cuire à feu vif pendant 18 minutes ou jusqu'à ce que les pâtes soient al dente

Ajouter 1 tasse de fromage et mélanger.

Saupoudrer avec le fromage végétalien restant et les ingrédients décoratifs

Coquille de pâtes mijotées aux câpres

INGRÉDIENTS

1 oignon rouge, haché moyen

1 poivron vert, haché

15 oz de haricots pinto, rincés et égouttés

¼ tasse de câpres, égouttées

4 c. sauce Chimichurri

1/2 c. Cayenne

½ cuillère à café de sel

1/8 cuillère à café de poivre noir

2 tasses de bouillon de légumes

8 onces de coquilles de pâtes crues

1 ½ tasse de fromage végétalien (à base de tofu)

Ingrédients de décoration :

oignons verts hachés pour servir

Placer tous les ingrédients sauf les pâtes, le fromage végétalien et les ingrédients de la garniture dans la mijoteuse.

Mélanger et couvrir.

Cuire à feu vif pendant 4 heures ou à feu doux pendant 7 heures.

Ajouter les pâtes et cuire à feu vif pendant 18 minutes ou jusqu'à ce que les pâtes soient al dente

Ajouter 1 tasse de fromage et mélanger.

Saupoudrer avec le fromage végétalien restant et les ingrédients décoratifs

Pâtes penne mijotées aux olives et aux câpres

INGRÉDIENTS

1 oignon rouge, haché moyen

1 poivron vert, haché

¼ tasse d'olives, égouttées

¼ tasse de câpres, égouttées

28 onces de tomates concassées

4 c. fromage à la crème végétalien

1 c. Herbes de Provence

½ cuillère à café de sel

1/8 cuillère à café de poivre noir

2 tasses de bouillon de légumes

8 onces de pâtes penne non cuites

1 ½ tasse de fromage végétalien (à base de tofu)

Ingrédients de décoration :

oignons verts hachés pour servir

Placer tous les ingrédients sauf les pâtes, le fromage végétalien et les ingrédients de la garniture dans la mijoteuse.

Mélanger et couvrir.

Cuire à feu vif pendant 4 heures ou à feu doux pendant 7 heures.

Ajouter les pâtes et cuire à feu vif pendant 18 minutes ou jusqu'à ce que les pâtes soient al dente

Ajouter 1 tasse de fromage et mélanger.

Saupoudrer avec le fromage végétalien restant et les ingrédients décoratifs

Coude macaroni aux olives et câpres

INGRÉDIENTS

1 oignon rouge, haché moyen

1 poivron vert, haché

15 oz de haricots rouges, rincés et égouttés

15 onces de fèves, rincées et égouttées

28 onces de tomates concassées

1/4 tasse d'olives vertes

2 cuillères à soupe. câpres

½ cuillère à café de sel

1/8 cuillère à café de poivre noir

2 tasses de bouillon de légumes

8 oz de macaronis au coude de blé entier non cuits

1 ½ tasse de fromage végétalien (à base de tofu)

Ingrédients de décoration :

oignons verts hachés pour servir

Placer tous les ingrédients sauf les pâtes, le fromage végétalien et les ingrédients de la garniture dans la mijoteuse.

Mélanger et couvrir.

Cuire à feu vif pendant 4 heures ou à feu doux pendant 7 heures.

Ajouter les pâtes et cuire à feu vif pendant 18 minutes ou jusqu'à ce que les pâtes soient al dente

Ajouter 1 tasse de fromage et mélanger.

Saupoudrer avec le fromage végétalien restant et les ingrédients décoratifs

Pâtes Farfalle mijotées aux câpres

INGRÉDIENTS

1 oignon jaune, haché moyen

¼ tasse de câpres, égouttées

28 onces de tomates concassées

3 onces de mozzarella végétalienne

1 c. assaisonnement italien

½ cuillère à café de sel

1/8 cuillère à café de poivre noir

2 tasses de bouillon de légumes

8 onces de pâtes farfalle non cuites

1 ½ tasse de fromage végétalien (à base de tofu)

Ingrédients de décoration :

oignons verts hachés pour servir

Placer tous les ingrédients sauf les pâtes, le fromage végétalien et les ingrédients de la garniture dans la mijoteuse.

Mélanger et couvrir.

Cuire à feu vif pendant 4 heures ou à feu doux pendant 7 heures.

Ajouter les pâtes et cuire à feu vif pendant 18 minutes ou jusqu'à ce que les pâtes soient al dente

Ajouter 1 tasse de fromage et mélanger.

Saupoudrer avec le fromage végétalien restant et les ingrédients décoratifs

Coude Macaroni Puttanesca

INGRÉDIENTS

1 oignon rouge, haché moyen

1 poivron vert, haché

¼ tasse de câpres, égouttées

¼ tasse d'olives, égouttées

15 onces de sauce tomate en conserve

28 onces de tomates concassées

4 c. Pesto

1 c. assaisonnement italien

½ cuillère à café de sel

1/8 cuillère à café de poivre noir

2 tasses de bouillon de légumes

8 oz de macaronis au coude de blé entier non cuits

1 ½ tasse de fromage végétalien (à base de tofu)

Ingrédients de décoration :

oignons verts hachés pour servir

Placer tous les ingrédients sauf les pâtes, le fromage végétalien et les ingrédients de la garniture dans la mijoteuse.

Mélanger et couvrir.

Cuire à feu vif pendant 4 heures ou à feu doux pendant 7 heures.

Ajouter les pâtes et cuire à feu vif pendant 18 minutes ou jusqu'à ce que les pâtes soient al dente

Ajouter 1 tasse de fromage et mélanger.

Saupoudrer avec le fromage végétalien restant et les ingrédients décoratifs

Spaghetti Puttanesca

INGRÉDIENTS

1 oignon rouge, haché moyen

1 poivron vert, haché

¼ tasse de câpres, égouttées

¼ tasse d'olives noires, égouttées

15 onces de sauce tomate

28 onces de tomates concassées

2 cuillères à soupe. sauce tomate

1 c. basilic

1 c. assaisonnement italien

½ cuillère à café de sel

1/8 cuillère à café de poivre noir

2 tasses de bouillon de légumes

8 oz de nouilles spaghetti crues

1 ½ tasse de fromage végétalien (à base de tofu)

Ingrédients de décoration :

oignons verts hachés pour servir

Placer tous les ingrédients sauf les pâtes, le fromage végétalien et les ingrédients de la garniture dans la mijoteuse.

Mélanger et couvrir.

Cuire à feu vif pendant 4 heures ou à feu doux pendant 7 heures.

Ajouter les pâtes et cuire à feu vif pendant 18 minutes ou jusqu'à ce que les pâtes soient al dente

Ajouter 1 tasse de fromage et mélanger.

Saupoudrer avec le fromage végétalien restant et les ingrédients décoratifs

Pappardelles Pâtes Puttanesca

INGRÉDIENTS

1 oignon rouge, haché moyen

15 onces de sauce tomate

¼ tasse de câpres, égouttées

28 onces de tomates concassées

1/4 tasse de chorizo végétalien, haché grossièrement

1 c. thym séché

½ cuillère à café de sel

1/8 cuillère à café de poivre noir

2 tasses de bouillon de légumes

8 onces de pâtes pappardelle crues

1 ½ tasse de fromage végétalien (à base de tofu)

Ingrédients de décoration :

oignons verts hachés pour servir

Placer tous les ingrédients sauf les pâtes, le fromage végétalien et les ingrédients de la garniture dans la mijoteuse.

Mélanger et couvrir.

Cuire à feu vif pendant 4 heures ou à feu doux pendant 7 heures.

Ajouter les pâtes et cuire à feu vif pendant 18 minutes ou jusqu'à ce que les pâtes soient al dente

Ajouter 1 tasse de fromage et mélanger.

Saupoudrer avec le fromage végétalien restant et les ingrédients décoratifs

Penne aux tomates vertes sauce Chimichurri

INGRÉDIENTS

1 oignon rouge, haché moyen

1 poivron vert, haché

1 tasse de tomates vertes, hachées

¼ tasse de câpres, égouttées

4 c. sauce Chimichurri

1/2 c. Cayenne

½ cuillère à café de sel

1/8 cuillère à café de poivre noir

2 tasses de bouillon de légumes

8 onces de pâtes penne non cuites

1 ½ tasse de fromage végétalien (à base de tofu)

Ingrédients de décoration :

oignons verts hachés pour servir

Placer tous les ingrédients sauf les pâtes, le fromage végétalien et les ingrédients de la garniture dans la mijoteuse.

Mélanger et couvrir.

Cuire à feu vif pendant 4 heures ou à feu doux pendant 7 heures.

Ajouter les pâtes et cuire à feu vif pendant 18 minutes ou jusqu'à ce que les pâtes soient al dente

Ajouter 1 tasse de fromage et mélanger.

Saupoudrer avec le fromage végétalien restant et les ingrédients décoratifs

Macaroni crémeux au coude et fromage végétalien

INGRÉDIENTS

1 oignon rouge, haché moyen

1 poivron vert, haché

8 oz de fromage à la crème végétalien

15 onces de sauce tomate en conserve

28 onces de tomates concassées

4 c. fromage à la crème végétalien

1 c. Herbes de Provence

½ cuillère à café de sel

1/8 cuillère à café de poivre noir

2 tasses de bouillon de légumes

8 oz de macaronis au coude de blé entier non cuits

1 ½ tasse de fromage végétalien (à base de tofu)

Ingrédients de décoration :

oignons verts hachés pour servir

Placer tous les ingrédients sauf les pâtes, le fromage végétalien et les ingrédients de la garniture dans la mijoteuse.

Mélanger et couvrir.

Cuire à feu vif pendant 4 heures ou à feu doux pendant 7 heures.

Ajouter les pâtes et cuire à feu vif pendant 18 minutes ou jusqu'à ce que les pâtes soient al dente

Ajouter 1 tasse de fromage et mélanger.

Saupoudrer avec le fromage végétalien restant et les ingrédients décoratifs

Pâtes farfalle à la sauce tomate végétalienne au fromage à la crème

INGRÉDIENTS

1 oignon jaune, haché moyen

1 poivron rouge, haché

8 oz de fromage à la crème végétalien

15 onces de sauce tomate

28 onces de tomates concassées

1/4 tasse d'olives vertes

2 cuillères à soupe. câpres

½ cuillère à café de sel

1/8 cuillère à café de poivre noir

2 tasses de bouillon de légumes

8 onces de pâtes farfalle non cuites

1 ½ tasse de fromage végétalien (à base de tofu)

Ingrédients de décoration :

oignons verts hachés pour servir

Placer tous les ingrédients sauf les pâtes, le fromage végétalien et les ingrédients de la garniture dans la mijoteuse.

Mélanger et couvrir.

Cuire à feu vif pendant 4 heures ou à feu doux pendant 7 heures.

Ajouter les pâtes et cuire à feu vif pendant 18 minutes ou jusqu'à ce que les pâtes soient al dente

Ajouter 1 tasse de fromage et mélanger.

Saupoudrer avec le fromage végétalien restant et les ingrédients décoratifs

Coquilles de pâtes à la sauce tomate

INGRÉDIENTS

1 oignon rouge, haché moyen

15 onces de sauce tomate en conserve

28 onces de tomates concassées

3 onces de mozzarella végétalienne

1 c. assaisonnement italien

½ cuillère à café de sel

1/8 cuillère à café de poivre noir

2 tasses de bouillon de légumes

8 onces de coquilles de pâtes crues

1 ½ tasse de fromage végétalien (à base de tofu)

Ingrédients de décoration :

oignons verts hachés pour servir

Placer tous les ingrédients sauf les pâtes, le fromage végétalien et les ingrédients de la garniture dans la mijoteuse.

Mélanger et couvrir.

Cuire à feu vif pendant 4 heures ou à feu doux pendant 7 heures.

Ajouter les pâtes et cuire à feu vif pendant 18 minutes ou jusqu'à ce que les pâtes soient al dente

Ajouter 1 tasse de fromage et mélanger.

Saupoudrer avec le fromage végétalien restant et les ingrédients décoratifs

Coude macaroni au pesto rouge

INGRÉDIENTS

1 oignon rouge, haché moyen

1 poivron vert, haché

¼ tasse de pesto rouge

15 onces de sauce tomate en conserve

28 onces de tomates concassées

2 cuillères à soupe. sauce tomate

1 c. basilic

1 c. assaisonnement italien

½ cuillère à café de sel

1/8 cuillère à café de poivre noir

2 tasses de bouillon de légumes

8 oz de macaronis au coude de blé entier non cuits

1 ½ tasse de fromage végétalien (à base de tofu)

Ingrédients de décoration :

oignons verts hachés pour servir

Placer tous les ingrédients sauf les pâtes, le fromage végétalien et les ingrédients de la garniture dans la mijoteuse.

Mélanger et couvrir.

Cuire à feu vif pendant 4 heures ou à feu doux pendant 7 heures.

Ajouter les pâtes et cuire à feu vif pendant 18 minutes ou jusqu'à ce que les pâtes soient al dente

Ajouter 1 tasse de fromage et mélanger.

Saupoudrer avec le fromage végétalien restant et les ingrédients décoratifs

Pappardelle aux 2 types de pesto

INGRÉDIENTS

1 oignon rouge, haché moyen

1 poivron vert, haché

15 oz de haricots rouges, rincés et égouttés

15 onces de fèves, rincées et égouttées

28 onces de tomates concassées

4 c. Pesto

4 c. pesto rouge

1 c. assaisonnement italien

½ cuillère à café de sel

1/8 cuillère à café de poivre noir

2 tasses de bouillon de légumes

8 onces de pâtes pappardelle crues

1 ½ tasse de fromage végétalien (à base de tofu)

Ingrédients de décoration :

oignons verts hachés pour servir

Placer tous les ingrédients sauf les pâtes, le fromage végétalien et les ingrédients de la garniture dans la mijoteuse.

Mélanger et couvrir.

Cuire à feu vif pendant 4 heures ou à feu doux pendant 7 heures.

Ajouter les pâtes et cuire à feu vif pendant 18 minutes ou jusqu'à ce que les pâtes soient al dente

Ajouter 1 tasse de fromage et mélanger.

Saupoudrer avec le fromage végétalien restant et les ingrédients décoratifs

Penne aux câpres et chorizo végétalien

INGRÉDIENTS

1 piment ancho

1 oignon rouge

15 onces de sauce tomate en conserve

¼ tasse de câpres, égouttées

28 onces de tomates concassées

1/4 tasse de chorizo végétalien, haché grossièrement

1 c. thym séché

½ cuillère à café de sel

1/8 cuillère à café de poivre noir

2 tasses de bouillon de légumes

8 onces de pâtes penne non cuites

1 ½ tasse de fromage végétalien (à base de tofu)

Ingrédients de décoration :

oignons verts hachés pour servir

Placer tous les ingrédients sauf les pâtes, le fromage végétalien et les ingrédients de la garniture dans la mijoteuse.

Mélanger et couvrir.

Cuire à feu vif pendant 4 heures ou à feu doux pendant 7 heures.

Ajouter les pâtes et cuire à feu vif pendant 18 minutes ou jusqu'à ce que les pâtes soient al dente

Ajouter 1 tasse de fromage et mélanger.

Saupoudrer avec le fromage végétalien restant et les ingrédients décoratifs

Pois chiches au quinoa

INGRÉDIENTS

6 poivrons verts

1 tasse de quinoa cru, rincé

1 boîte de 14 onces de pois chiches, rincés et égouttés

1 boîte de 14 onces de haricots pinto

1 1/2 tasse de sauce enchilada rouge

2 cuillères à soupe. sauce tomate

1 c. basilic

1 c. assaisonnement italien

1/2 cuillère à café d'ail en poudre

½ c. sel de mer

1 1/2 tasse de fromage végétalien râpé (marque Daiya)

Garnitures : coriandre, avocat.

Couper les tiges des poivrons.

Retirez les côtes et les graines.

Bien mélanger le quinoa, les haricots, la sauce enchilada, les épices et 1 tasse de fromage végétalien.

Farcir chaque poivron avec le mélange de quinoa et de haricots.

Versez une demi-tasse d'eau dans la mijoteuse.

Placer les poivrons dans la mijoteuse (partiellement immergée).

Couvrir et cuire à feu doux pendant 6 heures ou à feu vif pendant 3 heures.

Couvrir et étaler le fromage végétalien restant sur les poivrons et couvrir pendant 4 à 5 minutes pour faire fondre le fromage.

Décorer le dessus avec de la coriandre et de l'avocat

Bolognaise végétalienne

Ingrédients

1 gros oignon rouge doux, coupé en dés

2 carottes, coupées en dés

3 branches de céleri, coupées en dés

12 gousses d'ail, hachées

Sel de mer

Poivre noir

1 sac de 16 onces de lentilles séchées, rincées et décortiquées

2 boîtes de 28 onces de tomates concassées

5 tasses de soupe aux légumes

1 feuille de laurier

2 cuillères à soupe de basilic séché

2 cuillères à café de persil séché

1 cuillère à café de gros sel de mer

1/2 - 1 cuillère à café de flocons de piment rouge broyés

Bien mélanger l'oignon, la carotte, le céleri et l'ail, puis saler et poivrer.

Ajouter les autres ingrédients et bien mélanger

Cuire à feu doux pendant 4 1/2 heures ou jusqu'à ce que les lentilles commencent à ramollir et que la sauce épaississe.

Ajuster l'assaisonnement pour ajouter plus de sel et de poivre au goût.

Bol de burrito végétalien au riz brun

Ingrédients

1 oignon rouge, coupé en dés ou tranché finement

1 poivron vert (j'ai utilisé du jaune), coupé en dés

1 piment rouge doux, haché finement

1 ½ tasse de haricots noirs, égouttés

1 tasse de riz brun cru

1 ½ tasse de tomates hachées

½ tasse d'eau

1 cuillère à soupe de sauce piquante au chipotle (ou autre sauce piquante préférée)

1 cuillère à café de paprika fumé

1/2 cuillère à café de cumin moulu

Sel de mer

Poivre noir

Les garnitures comprennent de la coriandre fraîche (coriandre), des oignons verts hachés, des tranches d'avocat, du guacamole, etc.

Mélanger tous les ingrédients du bol de burrito (pas les garnitures) dans une mijoteuse.

Cuire à feu doux pendant 3 heures ou jusqu'à ce que le riz soit cuit.

Servir chaud avec de la coriandre, des oignons nouveaux, de l'avocat et du guacamole.

Bol de burrito aux haricots blancs avec sauce chimichurri

Ingrédients

1 piment ancho, coupé en dés

1 oignon rouge, coupé en dés

1 piment rouge doux, haché finement

1 1/2 tasse de haricots blancs

1 tasse de riz blanc cru

1 1/2 tasse de tomates hachées

1/2 tasse d'eau

4 c. sauce Chimichurri

1/2 c. Cayenne

Sel de mer

Poivre noir

Garnitures : coriandre fraîche (coriandre), oignons verts hachés, avocat tranché, guacamole, etc.

Mélanger tous les ingrédients du bol de burrito (pas les garnitures) dans une mijoteuse.

Cuire à feu doux pendant 3 heures ou jusqu'à ce que le riz soit cuit.

Servir chaud avec les ingrédients de la garniture

Bol de burrito aux haricots garbanzo avec pesto

Ingrédients

5 piments jalapeno coupés en dés

1 oignon rouge, coupé en dés

1 piment rouge doux, haché finement

1 ½ tasse de pois chiches, égouttés

1 tasse de riz rouge cru

1 ½ tasse de tomates hachées

½ tasse d'eau

4 c. Pesto

1 c. assaisonnement italien

Sel de mer

Poivre noir

Garnitures : coriandre fraîche (coriandre), oignons verts hachés, avocat tranché, guacamole, etc.

Mélanger tous les ingrédients du bol de burrito (pas les garnitures) dans une mijoteuse.

Cuire à feu doux pendant 3 heures ou jusqu'à ce que le riz soit cuit.

Servir chaud avec les ingrédients de la garniture

Bol de burrito au riz noir avec chorizos végétaliens

Ingrédients

5 piments serrano, coupés en dés

1 oignon rouge, coupé en dés

1 piment rouge doux, haché finement

1 1/2 tasse de haricots blancs, égouttés

1 tasse de riz noir cru

1 1/2 tasse de tomates hachées

1/2 tasse d'eau

1/4 tasse de chorizo végétalien, haché grossièrement

1 c. thym séché

Sel de mer

Poivre noir

Garnitures : coriandre fraîche (coriandre), oignons verts hachés, avocat tranché, guacamole, etc.

Mélanger tous les ingrédients du bol de burrito (pas les garnitures) dans une mijoteuse.

Cuire à feu doux pendant 3 heures ou jusqu'à ce que le riz soit cuit.

Servir chaud avec les ingrédients de la garniture

Bol burrito à la française

Ingrédients

1 piment d'Anaheim, coupé en dés

1 oignon rouge, coupé en dés

1 piment rouge doux, haché finement

1 1/2 tasse de haricots blancs

1 tasse de riz blanc cru

1 1/2 tasse de tomates hachées

1/2 tasse d'eau

4 c. fromage à la crème végétalien, tranché finement

1 c. Herbes de Provence

Sel de mer

Poivre noir

Garnitures : coriandre fraîche (coriandre), oignons verts hachés, avocat tranché, guacamole, etc.

Mélanger tous les ingrédients du bol de burrito (pas les garnitures) dans une mijoteuse.

Cuire à feu doux pendant 3 heures ou jusqu'à ce que le riz soit cuit.

Servir chaud avec les ingrédients de la garniture

Bol burrito chipotle

Ingrédients

5 piments serrano, coupés en dés

1 oignon rouge, coupé en dés

1 piment rouge doux, haché finement

1 1/2 tasse de haricots blancs, égouttés

1 tasse de riz noir cru

1 1/2 tasse de tomates hachées

1/2 tasse d'eau

1 cuillère à soupe de sauce piquante au chipotle (ou autre sauce piquante préférée)

1 cuillère à café de paprika fumé

1/2 cuillère à café de cumin moulu

Sel de mer

Poivre noir

Garnitures : coriandre fraîche (coriandre), oignons verts hachés, avocat tranché, guacamole, etc.

Mélanger tous les ingrédients du bol de burrito (pas les garnitures) dans une mijoteuse.

Cuire à feu doux pendant 3 heures ou jusqu'à ce que le riz soit cuit.

Servir chaud avec les ingrédients de la garniture

Salade d'artichauts aux tomates prunes et chou nappa

Ingrédients:

5 tomates italiennes moyennes, coupées en deux sur la longueur, épépinées et tranchées finement

1 tasse d'artichauts en conserve

1/2 chou Napa moyen, tranché finement

Pansement

¼ tasse d'huile d'olive extra vierge

2 gouttes de vinaigre de vin blanc

Gros sel et poivre noir

Préparation

Mélanger tous les ingrédients pour la vinaigrette.

Mélanger avec les autres ingrédients et bien mélanger.

Cornichons, raisins et salade de maïs

Ingrédients:

1/2 tasse de cornichons

10 pièces raisins rouges

1/2 tasse de maïs en conserve

1 gros concombre, coupé en deux sur la longueur et tranché finement

Pansement

¼ tasse d'huile d'olive extra vierge

2 gouttes de vinaigre de vin blanc

Gros sel et poivre noir

Préparation

Mélanger tous les ingrédients pour la vinaigrette.

Mélanger avec les autres ingrédients et bien mélanger.

Salade de tomates cerises et épinards

Ingrédients:

10 tomates coupées en deux dans le sens de la longueur, évidées et tranchées finement

1/4 tasse de cerises

1 botte d'épinards, rincer et égoutter

12 pièces raisins noirs

Pansement

¼ tasse d'huile d'olive extra vierge

2 cuillères à soupe. Vinaigre de pomme

Gros sel et poivre noir

Préparation

Mélanger tous les ingrédients pour la vinaigrette.

Mélanger avec les autres ingrédients et bien mélanger.

Salade de chou rouge aux pommes et cerises

Ingrédients:

1 tasse de pommes Fuji, coupées en dés

1/2 chou rouge moyen, tranché finement

1/4 tasse de cerises

1/4 oignon blanc, pelé, coupé en deux sur la longueur et tranché finement

1 gros concombre, coupé en deux sur la longueur et tranché finement

Pansement

¼ tasse d'huile d'olive extra vierge

2 gouttes de vinaigre de vin blanc

Gros sel et poivre noir

Préparation

Mélanger tous les ingrédients pour la vinaigrette.

Mélanger avec les autres ingrédients et bien mélanger.

Salade de pomme tomate prune et chou rouge

Ingrédients:

5 tomates italiennes moyennes, coupées en deux sur la longueur, épépinées et tranchées finement

1 tasse de pommes Fuji, coupées en dés

1/2 chou rouge moyen, tranché finement

1/4 tasse de cerises

Pansement

¼ tasse d'huile d'olive extra vierge

2 gouttes de vinaigre de vin blanc

Gros sel et poivre noir

Préparation

Mélanger tous les ingrédients pour la vinaigrette.

Mélanger avec les autres ingrédients et bien mélanger.

Salade d'ananas et de chou frisé de tomate de prune et de mangue

Ingrédients:

5 tomates italiennes moyennes, coupées en deux sur la longueur, épépinées et tranchées finement

1 botte de kale, rincer et égoutter

1 tasse de morceaux d'ananas en conserve

1 tasse de mangue en dés

Pansement

¼ tasse d'huile d'olive extra vierge

2 gouttes de vinaigre de vin blanc

Gros sel et poivre noir

Préparation

Mélanger tous les ingrédients pour la vinaigrette.

Mélanger avec les autres ingrédients et bien mélanger.

Salade de kale ananas mangue et concombre

Ingrédients:
1 botte de kale, rincer et égoutter

1 tasse de morceaux d'ananas en conserve

1 tasse de mangue en dés

1 gros concombre, coupé en deux sur la longueur et tranché finement

Pansement
¼ tasse d'huile d'olive extra vierge

2 gouttes de vinaigre de vin blanc

Gros sel et poivre noir

Préparation
Mélanger tous les ingrédients pour la vinaigrette.

Mélanger avec les autres ingrédients et bien mélanger.

Salade tomate mangue et pomme

Ingrédients:

10 tomates coupées en deux dans le sens de la longueur, évidées et tranchées finement

1 tasse de mangue en dés

1 tasse de pommes Fuji, coupées en dés

1/2 chou rouge moyen, tranché finement

Pansement

¼ tasse d'huile d'olive extra vierge

2 cuillères à soupe. Vinaigre de pomme

Gros sel et poivre noir

Préparation

Mélanger tous les ingrédients pour la vinaigrette.

Mélanger avec les autres ingrédients et bien mélanger.

www.ingramcontent.com/pod-product-compliance
Lightning Source LLC
Chambersburg PA
CBHW070414120526
44590CB00014B/1393